森俊夫ブリーフセラピー文庫③

セラピストになるには

何も教えないことが教えていること

森　俊夫

黒沢　幸子

白木孝二・津川秀夫

中島　央・東　　豊

東京大学医学部保健学専攻 森ゼミ生

著

tomi shobo

遠見書房

はじめに

二〇一五年三月十七日、森先生は五十七歳で亡くなられました。病気の発見から半年足らず。食道がんでした。

森先生から、桜を見るのは厳しいかもしれないとの告知内容を打ち明けられたとき、私は「で、どうしたい？何ができる？」と尋ねました。本当に根っからの解決志向です。森先生は、心理療法について、その本質や今の到達点など、私を含む「同志」と語り合い、それを本にしたいと希望されました。ふむ、面白そうじゃない⁉ 森先生はそれを自ら「森俊夫・生前追悼対談集」と銘打ちました。まったく、森先生らしいノリです。私は早速、遠見書房の編集部に企画のご相談をしました。

そこでまずできたのが、この本の第1巻にあたる『森俊夫ブリーフセラピー文庫①心理療法の本質を語る――ミルトン・エリクソンにはなれないけれど』でした。二〇一五年九月十五日の発行です。この本は、森先生への心理臨床や心理療法などに関するインタビューを黒沢らが行うという体裁になっています。森先生が飾らない言葉で率直に自身の心理療法についての考えや実践が語られているとても〝らしい〟いい本になりました。

一方、本書（第3巻）や昨年刊行された第2巻は、どちらかといえば、森先生自身がインタビュアーとなり、自らが信じる心理療法をともに創ってきた「同志たち」との対談や鼎談が中心となっています。インタビュアーとしての森先生は、じっと頷きながらにこやかに微笑んでいる……わけもなく、煙に巻いたり、丁々発止のやりとりを繰り広げたり、突っ込みを入れまくったり。当然、ボケもありです。二〇一五年の一月から二月までのかなり短い時間に、北は北海道から南は九州・熊本まで、皆さんに手弁当でご足労いただきました。集まっていただいたのは、児島達美、白木孝二、田中ひな子、津川秀夫、遠山宜哉、中島央、西川公平、東豊、山田秀世、吉川悟といったこの道を代表する面々です。それと、東京大学医学部保健学科の森先生の教え子たちがたくさん集まってくれました。また見舞いにきた関係者も同席していたりします。これに時間がある限り黒沢と編集者も参加しました。

本書の対話が行われたのは、森先生が入院されていた杏林大学附属病院（東京・三鷹）や、一時退院した折のＫＩＤＳカウンセリング・システムのオフィス、あるいは森先生のご自宅でした。最初のころは入院中で大変具合が悪いことも多かったのですが、このインタビューを始めてからだんだんと良くなりました。もちろん各種医学的治療の成果でもあるのですが、やはり人薬、心理療法は効果があるんだなあ、などと思ったりもしました。もちろん限界もありますが。

残念なことに、この対談の原稿を森先生が生きているうちに目を通すことができませんでした。校正に関しては、対談相手となる各先生方にじっくり吟味をしていただき、編集部に目を通してもらった後、私、黒沢にチェックが委ねられました。多くの赤字を入れたわけではありませんが、よくわからない表現を改めたり、間違いを正したりしました。また、元永拓郎先生（帝京大学）には、森先生の一番近しい同門としてこの校正を読んでもらい、いくつかの示唆をいただきました。インタビューや座談会に協力してくださった先生方に、森先生の分も含め、深くお礼申し上げます。

さらに、この場を借りて、このような大変な状況のなかを支え続けてくれたＫＩＤＳのスタッフ、ならびに関係者にも心より感謝申し上げます。

最後に、森先生の限りある貴重な時間を分けてくださった奥様と、二人のお子さまにも感謝の念でいっぱいです。誠にありがとうございました。

そして、最後の最後は、森先生の還暦のお祝いです。森俊夫ブリーフセラピー文庫は、本書（第３巻）をもって、完結となります。折しも二〇一八年一月、森先生は、ちょうど還暦を迎えられます。生きていらしたら、赤いちゃんちゃんこで、正月からお酒を酌み交わし、ブリーフセラピー、いえ心理療法の来し方行く末を仲間たちや後進の面々と大いに語り合う宴会といきたいところですが、本書の完結をもって、還暦のお祝いといたしましょう。

人生、巡り巡って振り出しに戻る。また新たなブリーフセラピー（クライエントさんのニーズに適ったより効果的・効率的なセラピー／対話と協働）の発展を心新たにスタートさせましょう。さぁて、お後がよろしいようで。

二〇一七年師走　黒沢幸子

目次

セラピストになるには
何も教えないことが教えていること

第1章　ソリューションからいずこへ

白木孝二×森　俊夫

エポックメーキングになったケース

森　白木先生って今まで面接やっていてエポックメーキングになったケースっていくつかある？

白木　エポックメーキング？

森　このケースと出会ったことによって自分の臨床スタイルが変わったケースってあるの？

白木　情緒障害児短期治療施設（名古屋市くすのき学園）にいて、ブリーフセラピー、ＭＲＩアプローチのまねごとみたいなことをやっていたころ。一九八九年だったか、長谷川啓三さんにソリューションの論文を教えてもらって、面白そうだと、とりあえずやってみたんですよ。確か中学生のケースで、不登校だったか、非行だったか忘れてしまったけど、お母さんがメインでたまにその子も来るという面接で。論文だけをたよりにソリューションを真似てやってみたら、うまくいったんですよ。意外にあっさりうまくいったので、あんまり「おおっ」という感じはなかったんだけど（笑）。

そのケースが終了した後、一九九〇年一月にインスー・キム・バーグを名古屋に呼んでワークショップをやってもらったんですよ。僕も運営スタッフだったので、ソリューションを代表する先生が来るってことですごく期待していて。今でもよく覚えているけど、打ち合わせのレストランに行ったら、小柄なおばさんが笑顔で待っていて、あれっ、この人があのインスー先生？なんて思ったりした。

一緒にご飯を食べている時、「あなた、今どんなことやってるの？」って聞かれたので、「最近論文を読んでケースをソリューション的にやりました」と答えたら、「ふーん」って言われて。論文を手掛かりにしただけなので、こんなんでいいのかなという気持ちがあって、「自分なりにやってみたけれど、それがソリューションになっているのか自信がないんです」、みたいなことを話したの。そしたらインスーに「それはいいけれど、結果はどうだったの？」と聞かれて、「はい、うまくいったと思います。問題は良くなったし、家族も感謝してくれて」って言ったら、「じゃあそれでいいじゃないの！」と言われてしまった（笑）。

「なんでソリューションかどうか気にするの？」「うまくいったのならそれでOK。ソリューションかどうかは、気にする必要はないの」と言われて、ああそうですかって、ちょっと肩すかしくらった感じで「ふーん、うまくいけばソリューションになっているかどうかは、気にしなくていんだ！」みたいに思って。「うまくいけばいいじゃないの」という言葉は、「あっ、そうなんだ、それでいいんだ」という新鮮な驚きでしたね。

そんなこともあったけど、やっぱり論文からだけではない、本物のソリューションを勉強したいと思ったんですよ。で、インスーにもう少しちゃんと勉強したいけどと言ったら、「じゃあ、この夏に四週間のトレーニングがあるので、ミルウォーキーのＢＦＴＣ（ブリーフ・ファミリー・セラピー・センター）においで」と言われて、「そんなに簡単に行けません……（笑）」みたいなやりとりがあって。
　インスーが来たのが一月の終わりくらいで、さすがにその夏には行けなかったので、翌年、一九九一年の八月に四週間のＳＦＢＴ（ソリューション‐フォーカスト・ブリーフ・セラピー）レジデンシャル・トレーニングというのに参加したんです。一カ月間ミルウォーキーにいて、毎日ＢＦＴＣに通い、ずっとソリューションに浸っていて、頭の中はソリューションだらけになって帰ってきたんですよ。そして、その年の秋、十一月でしたかね。

森　安曇野でね。

白木　ブリーフセラピーの第一回研究会があって、宮田敬一先生から、「白木さんＢＦＴＣに行ってきたんだから、ちゃんと報告してね」と言われてて、ソリューションを紹介するワークショップをやったんですよ。確かにそれで僕の人生は変わったので、そのケースが一つのきっかけになったということかもしれない。

森　人生の転機にはなりましたよね。四週間ミルウォーキー行ってきて臨床の質は何か変わったの？

白木　四週間のトレーニングというのが、月曜から金曜、九時～五時なんだけれど、朝の一時間だけがレクチャー。スタッフのインスーやスティーブ・ド・シェイザー、スコット・ミラーとか、誰かがレクチャーしてくれる。ただその内容は事前に読んでおくように言われた本や論文に書いてあったことで、まあ、おさらいみたいな感じ。で、その後の時間は全部が実践だった。
　実践というのは、向こうのスタッフが面接するときに、マジックミラーの後ろでチームとして参加して、観察し、意見を言ったりすることだったり、研修生のだれかがセラピストとして面接するのを仲間でサポートするとか、自分がセラピストをやって皆に助けてもらうとか。ケースがキャンセルになった時は皆でビデオを見て勉強するとか、そういうことを毎日、四週間ずっとやるんですよ。

そこで変わったというか、臨床への認識を変えてくれたのは、僕はそんな流暢な英語はできないし、向こうのクライエントからしたら頼りなさそうに見えたんだろうけど、クライエントが実際にセラピストを助けてくれるということを、生身で経験したことかもしれない。

森　うん、うん。

白木　英語でやったのが良かったと思うんだけれど、こっちはそんなしゃべれないじゃないですか。一応聞きとるのはかろうじてできたけれど。当時のソリューションは面接のプロトコールが決まっていたので、いくつか定型的な質問を覚えておいて、順番にやっていけば、それだけでなんとかやれたんですよ。小奇麗な質問をしたり、気の利いたことを言ったりしなくていい。というかもともと型通りのことしか言えないんだけれど。

決まった質問をするだけだけど、それでもクライエントが答えてくれる。僕の質問がわからないと「どういうことですか?」と確認してくれるし、家族で来てる場合、一人くらいは僕の英語がわかるのね。だれかがキョトンとしてると、いや先生はこう聞いたんだよって助けてくれる。反対にクライエントさんの言葉がわからず困っていると、彼はこう言ったんですと解説してくれたりもする。それに、マジックミラー後ろにはチームがいて助けてくれるので、自分一人で頑張らなくてもいいし……。僕が面接したときも、あまりうまくできかったんだけど、ブレイクで観察室に戻っていったら、皆が拍手してくれるんですよ。まあ、よく頑張った、途中であきらめなかっただけでも偉いぞ、みたいな感じだったかもしれないけど。そんなこんなで、皆に助けられながら、省エネでやればいいので、すごく楽だなって思ったんですよ。

もう一つ、一カ月のトレーニング中だけでも、多くのケースが二、三回で変化するのを見たんですよね。

それで「なんだ、良くなるときはすぐ良くなるんだ」というのを思い知らされましたね。大変そうなケースほど早く、劇的に変わるのも見たし。

森　なるほどね。

白木　会話が全部わかったわけじゃないし、自分で面接をたくさんやったわけではないけれど、ＢＦＴＣにいて、シンプルなやり方で、複雑なことをしなくても、短期間で変化が起こること、またセラピストとしても、全部自分でやらなくてもなんとかなる、ということを経験を通して知りましたね。

それと、これは話していいのかわからないけど、インスー・キム・バーグでも失敗するんだってのを見たの（笑）。インスーがいろいろやってもらちが明かない面接があったし。これはね、すごく良かった。偉い先生でも必ずしもうまくやれるとは限らないことを知って安心したというか。

それから、そのときたまたまスタッフが誰もいなくて、自分たち研修生だけで面接をやったけど、それがうまくいかなかった。終わってから、インスーが戻ってきたので、「今ケースをやったけれど、うまくいかなかくて失敗しちゃったんです」と言ったら、インスーからは「忘れなさい」の一言。何がいけなかったのでしょうかみたいなことを聞こうとしたら、そんなことより、次のケースをしっかりやって、みたいなことを言われたの。うまくいかなかったことをくよくよしてもしょうがない、それはそれとして、少しでもできたことに目を向けて、先に進みなさいと。僕は元々引きずらない方だけれど、改めて、ああ、こういうのがソリューションの発想、文化なんだなと思いました。

コミュニケーションって必要なのか？

森　今の話って、伝統的な心理療法の話と違って逆だよね。いろいろ出てきたけれど、まず英語だからコミュニケーションがうまくできなくて心理療法ができるわけがない。これが普通の伝統的な心理療法の考えでしょう。

白木　クライエントの言っていることが理解できなくてもなんとかなるとか。伝統的なやり方だと「ふざけるな」となるかもしれないけど。

森　（笑）

白木　でもなんとかなる。クライエントさんもせっかく来てくれたんだし、お互いになんとかしましょうかというか、頼りない者同士、頑張ろうね、みたいなのはあったかも（笑）。そんなふうでも多くのケースが二、三回で改善していったんですよ、確かに。何が良かったのか全然わからない。まあ、そんなこと気にしないんだけど。

当時は面接で宿題も出していたけれど、次回来たときも宿題の中身なんか聞かないので、「what's better?ちょっと良かった、ましになったことは？」と聞くだけ。セラピー面接でやったことがどう変化につながっているかは全然気にせずに、「ここが、こう変わりました」と言われたら、へぇ～って言ってから、「どうやってやったんですか？」「何が良かったんでしょうか？」「どうやったら続けられそうですか？」と質問を続けるだけ。

それから、普段は同じ人がセラピーをやるんだけれど、ダブルブッキングだったり、クライエントが遅刻してきたりして、担当のセラピストが会えないときがあるの。おい、誰か代わりにやってくれよ、みたいなことを平気で言うのね。それで、空いている人が、今日は私が代わりにやりますって。代わりのセラピストも経過とか一切見ないんですよ。クライエントの名前くらいは覚えておくんだろうけども、「前回はスコットがやりましたが、今日は会えないので私が交替します。それで、前回の面接から今日までの間にどんなことがちょっとは良かったですか、あるいは前回の面接でスコットと話したことで役立ったことはどんなことですか」と、そんなかんじでやっていくのを見て、何も準備しなくてもできるんだ～とかも思った（笑）。

「前回はこんなことを話し合いました、こんな宿題を出しました、それでどうなりましたか、じゃあ今回は……」、というのが一般的な流れかもしれないけれど、ソリューションでは、一回一回をぶつ切りでやっていく感じなの。極端に言うとソリューションではセラピストは、本当は失礼かもしれないけれど、前回やったことを覚えていなくてもいいのですよ。これを聞いたときはメッチャクチャ楽だなと思いました。そもう一つ思い出したけど、スタッフに、前回の面接記録は読まなくていいから、とも言われたんです。そもそも面接の連続性みたいなのは気にしてないので。

「現状はどうなの？　前から比べてどこがよくなったの？　今日はどうしましょうか？」という感じで進めるので、記録は読まなくてもいいし、書くのも最低限のことでいい。怠け者の私にとっては、ほんとすごい楽だなと思ったわけです。

スコットたちに言わせると、セラピーでやったことを記録に書いても、それはセラピストのとらえ方、理解にすぎなくて、クライエントたちはそれとは違った、別の理解や体験をしている可能性があるということなんですよ。だからこちらの記録や記憶を元にしてやるとクライアントとずれてしまう。なので、こちらのはとりあえず棚上げにしておいて、前回から今日までどうでしたかとか、もし聞く必要があれば、前回やったことで役に立ったことはどんなことですかとか、前回のことを皆さんはどんなふうに利用されましたかと聞いて、クライエントの体験なり、クライエントの面接のとらえ方みたいなことから聞けばいいんだとも、言われましたね。懐かしいね、もう二〇何年前の話だから。

ソリューションの斬新さ

森　手抜きさみたいなのが、ソリューションの斬新なところだったと思うんだけれど、手抜きでも押さえるべきところは押さえているんだよね。ここは絶対押さえろ！　みたいなことは何か言われなったの？

白木　なんだろう？　お金の払い方だけ聞いとけって。保険が使えるか、福祉の制度を利用するのか、お金を払えないのか、それだけは確認しとけと言われた。あとはこれだけ押さえろというのはあまりなかったかな。面接はだいたい一時間で、ブレイクまでが四十分から四十五分くらいだけれど、面接としてここまでということはなくて、その時間でできたことだけでいいという感じ。

まず「今日は、どういうことでおいでになったんですか？」から始まって、ミラクル・クエスチョンが最初で、どうなったらいいですかと細かく聞いて、おもむろに、例外として今できていること、うまくいっていることはなんですかと、どうやってやったんですか？と聞いておいて、その後スケールを聞いたりして。で、補足の質問をして、ブレイクして、マジックミラーの後ろに戻ってきてクライエントの言葉を基に、形式に沿って課題の文章にまとめてゆく。

課題をつくるときも情報がないなら情報がないなりにやるだけで、そこまでの面接の中で話し合われたことだけでやるみたいな感じ。わからないことはわからないままにしておけばいい、変に想像したり付け足したりするな、手元にある材料だけでやれという姿勢。余計なことをしないというのは、とても重要だと思った。

――それ以前、先生はどんなセラピーをされていたんですか？

白木　ソリューションをやる以前はＭＲＩが面白いと思ってた。当時、家族療法が流行っていたので、ＭＲＩの戦略派っぽいやり方をやっていて、まあ真似事だけれど。家族療法の構造派っぽいやり方をやろうと思ったけれど、僕には向かないのでやめた（笑）。

森　構造派が向かないってどこでわかるの？

白木　家族が何人か来てわーっとしゃべっているのを、仕切っていくというのが、僕には難しくて。

森　グループが難しいということ？

白木　たくさんの人といっぺんに面接するというのに自信なかったこともあるけれど。当時僕は、同僚と組んでマジックミラーの後ろにいる方が好きだったんですよ。面接を見ていて、インターホンで「次、これ聞いて」とか、「戻ってきて相談しようよ」とか、そんな感じで。

ＭＲＩ風のちょっと強引な介入をやったりもしたけど、実際にはあまりうまくいかなかった（笑）。チームの方は、どんな課題にしようか、どうやってそれを売り込もうかなんて、アイデアを出し合って盛り上がるんですよ。でも実際に課題を出したらクライエントにシラーっとされて、大外れみたいな。一回、怒られたことがあるんですよ。逆説処方とかあるじゃないですか？「どういうつもりであんな課題出したんだ」って抗議されて。ひたすら謝りましたよ（笑）。

今は平気だけれど、当時は過去の問題や、ネガティブで堂々巡りみたいな話に付き合うのがあまり好きじゃなかったんですよ。ソリューションを知ってから、ポジティブな話を聞く方が、楽でやりやすい、この方が自分には合うなという気持ちになって。ほんとは問題の話から逃げてはいけないんだけど。

確かにケースによっては、お互いにポジティブな話に逃げているなというところがあって、これではまずいなと思ったこともあった。そういうケースは、何となくドロップアウトしちゃうんですよ。本当に大事なところに触らず、表面だけ、いいところだけでやっている感じで、お互いちゃんと向き合ってないみたいな風になって。

到達点

森　一九九一年にブリーフの研究会を作って、その研究会の綱領に「短期で効果的、効率的な心理療法のエッセンス、大事なものを流派を超えてみんなで語り会う学会なんだ」みたいなのを書いてあるわけだけれど、白木先生としては今、どれくらいの到達点にいってます？

白木　あれから二十五年？　自分はだいぶ変わったなというのがある。あの頃はソリューションって素晴らしいと思っていたし。森さんは知っていると思うけど、一九九〇年代の後半くらいに「僕はソリューションを止めた」と言い出したことがあるの。理由の一つは、他でソリューションやっている人たちを見て、あまりにもソリューションの型通りにやっていることが気に入らなかったこと。僕はインスー・キム・バーグをよく知っているけど、やっぱり彼女にもいいところも悪いところもあるんだよね。インスーを神様みたいに言う連中が出てきて……。インスーって普通のおばちゃんだよ。そういうのが嫌になって。なんかソリューション原理主義みたいに思えて、「インスー先生かく語りき」みたいなのは違うよって思って、距離を置くようになった。ちょうどその頃，スコット・ミラーがＢＦＴＣを追い出されて，スコットとは仲良かったので，いろいろ教えてもらっていたこともあったし。

森　追い出されたの？

白木　追い出された。

森　出て行ったんじゃないの？

白木　スコットに聞いた話では，追い出された。

森　そうなの。

白木　一つは『ハンドブック・オブ・ソリューション‐フォーカスト・セラピー』という本に関してのこと。本が出たのが一九九五年くらい。ソリューションに関する研究を集めたハンドブックだけど，スコットは治療効果について書きたかったみたい。でも，当然のことだけれど，まともな治療者がやるのなら，ある治療法が他に比べて，統計的に有意な差が出るほど優れているというのは，ないらしくて。たぶん，「ソリューションは効果があります」「けど，他と比べて特別素晴らしいわけでもないです」「期間的にもそんな短くもありません」てなことしか言えないはずで。

スコットから聞いた話だけれど，ＢＦＴＣで各スタッフ，個人の治療成績を出してみた。スティーブ，インスー，スコット，当時は，ジェーン・キャシュニグとか，ラリー・ホップウッドとか何人かいたけれど，各個人の成績を出したら，ある傾向がみられた。スコットは真面目なのでこれを書こうと言ったら，スティーブかインスーかはわからないけれど，止められたらしい。内容は何かというと，一番成績が良かったのはアラスカから来ていたメリー・ジェーンという研究生のお姉さんだった。スコットやスティーブ，インスーは彼女よりも成績が悪かったの。当時ソリューションの名が売れてきて，彼らはワークショップやトレーニングで忙しくて、臨床の時間が減っていたみたい。それに、彼らはソリューションでやらないといけない！　みたいなことがあるでしょ。そんなこんなで彼らの成績が下がったらしい。研究生として純粋に一生懸命臨床をやっていた、彼女が一番良かった。それにスコットが気づいて、これは書くべきだと訴えたけど止めろと言われたらしい。ソリューションを創造したようなセラピストでも、忙しかったり、臨床の時間が減ったりすると成績は下がる。それより一生懸命やっていて、時間的にも余裕があるセラピストの成績の方が良かった、というのを書こうとしたら、止められた。他にもなんかあってもう来なくていいと言われた、ということらしいんだけど、実際のことはわからない。

森　どうなんだろうね。

白木　そこでスコットはＢＦＴＣを辞めて、行くとこないのでシカゴのジョン・ウォルターのところに居候して、そこで面接させてもらっていた。ＢＦＴＣを離れたスコットは、ソリューションから、マイケル・ランバードたちの共通要因の研究や、より効果的なセラピーという方向に行って、仲間たちと『治療不能事例の心理療法』（編集部注＝スコット・ミラーらによる編著本。児島達美の監訳により金剛出版から翻訳刊行されている）にあるみたいなことをやり始めた。これは、他のセラピストがお手上げ、ギブアップした困難事例を募集し、出かけて行ってそんなケースに取り組むことから、より効果的な治療の研究をしようというプロジェクト。ちょうどそんなころに、スコットを何回か日本に呼んで、ワークショップをやってもらったりしていた。彼の話を聞いて、確かにソリューションは素晴らしいけれども、それにこだわる必要はないかなと思った。関心がスコットたちのやってることの方に行ってから、よりソリューション離れになったかもしれない。

——それが九〇年代の終わり？

白木　はっきりそうなったのが二〇〇〇年か二〇〇一年くらいかな。スコットが来た時に、自分たちの『ハート・アンド・ソウル・オブ・チェンジ』という分厚い本を教えてくれて。治療効果と共通要因に関する研究を集めた本で、読むのは大変だったけど、これは面白い、すごいなと思って、そこからまた少し変わった。

発達障害とＲＤＩ

森　その後、ＲＤＩの影響を受けたものがあるわけですね。

白木　一九九五年の春、療育センターに異動になったんですよ、それまでいた情短施設から。療育センターはやたらケースが多くて、ルーティーンをこなすだけみたいで、こんなんで役に立つの、子どもは良くなるの？ なんて、ずっと思ってて。それから療育センターのスタッフがあまりにも教育指導的なので、もうちょっとカウンセリング的にやったらとか言ってみたけど、そういうのは受け入れてもらえなくて。

でもまあ実際問題として、自閉症の子どもとか、その家族に会わないといけないので、なんか方法論みたいなのないかなと探していたんですよ。当時はソーシャルストーリーの出始めで、ティーチ（TEACCH）も入って来ていた頃。ＳＳＴぐらいやればなんとかなるかって思って、アマゾンＵＳＡで本を探していたら、たまたまそこにスティーブ・ガットステインのＲＤＩの最初のテキストがあった。今までのやり方は根本的に間違っているとか、これまでにない画期的な自閉症の療育法とか書いてあって、何か怪しいなと思ったの。でも、どうせ注文するからって一緒にクリックして、しばらくして本が届いた。ソーシャルストーリーの本は分厚くて、面倒臭そうなので読まないでいて、ＲＤＩの方をみたら、療育や臨床の捉え方がだいぶ違っていて、ソーシャルスキルとか、パターンをいろいろ教えても自閉症の本質は変わらない。でもＲＤＩをやれば自閉症も良くなるし、普通の生活もできると書いてある。こいつは面白そうだなと思って、真似事で自分たちの療育グループで試してみたけど、具体的なことがよくわからないし、うまくいかなかった。それでたまたまインターネットでコネクションセンターのサイトを見てたら、トレーニングのことが書いてあった。まあ半信半疑だったんだけれど、一度どんなものか見に行ってやれ、みたいな感覚でヒューストンまで行ったのが、二〇〇二年のこと。

まだほんとＲＤＩが始まった頃で、アメリカでもほとんど知られていなかったのに、日本から研修にきたということで、えらい歓迎されて。とりあえず、どんなものか見にきただけという気持ちだったんだけど、所長のスティーブから、コネクションセンターとしてサポートするから、コンサルタント資格を取れって言われて。あまり乗り気じゃなかったけど、療育センターでくすぶってもしょうがないと思って、ちょっと本格的にやってみたら、手ごたえがあったんですよ。それで、本気で資格を取ろうかなと思って二〇〇三年に二回ヒューストンに行って、そのあと副所長のレシェール・シーリーのスーパービジョンを受けて。日本でやったケースをビデオにとって、レポート書いて送って、また向こうからコメントと次の課題が返ってきて、そんなＳＶを一年半くらいやって、二〇〇五年に認定資格を取ったの。

療育センターの通常業務では時間が取れないので、土日にこそこそとＲＤＩのケースをやってるうちに、自閉症の子たちもちゃんとやればよくなるという実感を持てるようになった。その頃は、ソリューションやセラピーはどうでもよくなっていて、頼まれたらワークショップはやるけれど、自分の臨床としてはほとんどやらなくなっていた。

ただＲＤＩをちゃんとやろうとすると家族療法みたいなことが必要になるんですよ。子どもの療育的ケアよりは、家族が子どもの状態を理解して、子どもへの接し方を変えたりするとか、子どもがうまく発達できるようなライフスタイルにしてもらうとか、そういう家族面接がメインになってくる。教育的な指導だけではうまくいかないところが出てきて、そこでちゃんと家族の面接をやらないといけないなと思い直したわけ。

セラピー的に家族がどんなことを期待しているのかとか、子どもにどんな希望をもっているかとか、家族のリソースは何かとか、そういうことに行きついて。ＲＤＩをやりつつ、やっぱりセラピーをやらなきゃという感じに戻ってきたんだけど、ますます療育センターが忙しく、窮屈になってきて、いい加減、嫌になってしまった。そしてだいぶ歳になっていたので、これ以上ここにいてもしょうがない、ズルズルいても意欲も落ちるし、ということで二〇〇七年に辞めて独立したの。

森　いくつ？

白木　五十六歳。早期退職を希望する場合は、一年前に宣言しないといけないのよ。四月一日に来年の三月三一日でやめますって。ほんとは五十五でやめたかったけど、まだ準備ができていなかったので、一年延びた。ＲＤＩメインのつもりでオフィスを始めたけど、最初の頃はそんなにお客さんが来なくて、暇な探偵事務所みたいにのんびりやっていた。

そんななか、ソリューションの研修依頼が来るんだけど、古典的ソリューションを教えるのは嫌で、スコットたちのやり方の情報が入っていたこともあって、勝手に「ポスト・ソリューション」って名付けて研修会をやり始めたの。ソリューションの発想はベースにしてるけど、それにこだわらず、もっとコラボレイティブなやり方で、スコットたちのＯＲＳとかＳＲＳでフィードバックとる方法を取り入れた研修にして。それが、二〇〇八年かな。

独立してしばらくはＲＤＩがメインでポスト・ソリューションは頼まれたらやるくらいだったけれど、Ｒ

DIのトレーニングを受けたのが二〇〇二年からで、一〇年もたつと飽きるのね（笑）。この二、三年くらい前からRDIは面倒くさいなと思い始めて、やっぱりセラピーの方が面白いかなって、なってきてしまった。

オープンダイアローグ

白木　ちょうど二〇一四年の今ぐらいかな、フェイスブックでたまたま誰かが、フィンランドのオープンダイアローグというのがあって、そのドキュメンタリーDVDが面白いよって紹介してたの。全然知らなかったけれど、面白半分で注文して、ビデオ観たらほんとにすごい面白かったのね。それからはまってしまった。今はオープンダイアローグの流れ。

オープンダイアローグを勉強し始めて、この一年でだいぶ自分が変わったなという気がする。それまではソリューション辞めたと公言してたけど、やっぱりどこかで引きずっていた。コラボレイティブとも言っていたけれど、クライエントと面接するときには、変化を起こすために専門家として仕事する、みたいなところはやっぱり残っていたし。オープンダイアローグのビデオを観たり、論文読んだりすると、セラピストはもっと生身でいいんじゃないかとか、今日のテーマではないけれど、セラピストとしての在り方はどうかみたいなことが前面に出ていて。ポスト・ソリューションのときもセラピーよりはセラピスト自身のスキルや姿勢に焦点を当てていたけど、セラピストとして自分はどうあればいいのかという方に問題意識が変わってきたの。それこそセラピーの内容よりも、それはどんなのでもいいので、セラピストとしての姿勢とか態度とか、生き方という（そんな大袈裟なことは言わないけれど）、そっちの方に目を向けよう、という感じに変わってきたんですよ。

それで、最近はオープンダイアローグっぽい面接をやるようになってきて、自分のスタイルが変わったなという感じがしている。前は、質問をして、ふ～んって聞いているけれど、どこかで質問の流れや組み立てを考えてしていたし、コメントする時も、一応は狙いや介入的なことを意識してやっていた。やっぱりセラピストとしてやっていて、自分を出すことはまずなかった。

今は、オープンダイアローグのいい影響か悪い影響かわからないけど、あんまり考えずにやるようになってきて、けっこう思いつきで質問するし、自分の考えたことや気持ちを平気で言うの。まあいいやと思って、やってみてもどうってことないし、クライエントさんとの関係がいい感じになって、その方がうまくいったりする。なんだ、自分を出していいんだみたいな感じになってきたのが、最近の変化かな。ただちょっと無防備になりすぎてないかとか、こんな場当たりでいいのかなというのはある（笑）。

前はセラピーで自分の思いつきでやることとか、不用意にしゃべることについては否定的で、ワークショップではそんなのはダメですって、教えていたの。それなのに最近は、研修会で参加者にそれと逆のことを要求するのね。これまでは、ちゃんと考えて余計なことは言うなって教えていたのに、あなたたちも、もっと自分の鎧を外してオープンでやっていいよ。グタグタ考えずに思ったようにやればいいよと言いだしたので、研修会に来た人たちが混乱している（笑）。

森　（笑）

白木　ソリューションからスコットたちの方向、共通要因とかコラボレイティブなところに進んできたけど、発達障害に関わってＲＤＩをやるようになって、発達の観点でいろんなことを見るようになったのも大きいと思う。そのクライエントさんの成長過程でどんなことがあったのかとか、実際に生活する力なり、リソースをどれくらい持っているかは押さえておかないといけないとか、カウンセリングだけでうまくいくとは限らないとか、もうちょっと広くみられるようになったのは大きいでしょうね。

実はもう一個あって、マーサ・ハーバートという人が『オーティズム・レボリューション』という面白い本を三年前に出しているの。すぐに翻訳しようと決めて、取り掛かったけど、さぼっていてまだ作業が終わってない。

そこで出てきているのが体の問題。免疫だとか、アレルギー、消化器など身体的な状態（病気）が脳に影響している、それが脳の機能を下げて発達障害につながるという考え方。脳を含めた身体全体の問題という観点からとらえ直して、生活習慣を変えたり食事の工夫をしたり、身体面のケアをすることで、全体的な健康を回復させれば自閉症などの発達障害は大幅に改善するはずという発想。実際にＲＤＩをやっている家族に聞いてみると、やっぱり多くの子供が発達障害だけでなく、様々な身体的な問題を抱えている。なので、ちょっと前からＲＤＩと身体全体の健康を意識したやり方を組み合わせるようになった。

今では、ＲＤＩじゃなくて、普通にセラピーをするときも、「普段の生活でどんな物を食べているか、ちゃんと寝ているか、運動しているか」というようなことを必ず聞くようになった。そのあたりも、変わってきたなという感覚がある。

シンプルで楽なのがいい

森　それは面白いね。人って普通は変わっていくけれどさ、白木さんの場合は特に一貫性なく変わっているよね。

白木　いや一貫性はありますよ（笑）。その一貫性というのは自分にとって楽か、ということかもしれないけど。面倒くさいのが嫌いなので。

森　でもＲＤＩなんか、初めから面倒くさいのわかっている。

白木　それは他のアプローチではよくならないと思ってたから。ＲＤＩは面倒くさいけれど、やることの根本は普通のこと、それを丁寧にやれば良くなるということ。自閉症の子どもを相手にするのってとても難しいんだけれど、ＲＤＩでやろうとしていること自体は、まあ当たり前のことなんですよ。それを根気よく、丁寧にやり続ける。まあ面倒臭いけれど、難しいことではないはずというのはある。

　あとからふり返ってみれば、自分の流れの中で一貫しているのは、当たり前っぽいことが多いかもしれない。余計なことしないとか、シンプルで楽なのがいいというのも。好き嫌いで決めているところはあるかもしれないけど。

森　最初、家族療法から始まって、もっと前はあるのかもしれないけれど、家族療法ってコミュニケーションじゃないですか。あまりしゃべるの好きではないじゃないですか？

白木　あの頃はね。今はだいぶ変わったけど。あの頃はまだ恥ずかしがりだったたし、家族のコミュニケーションを仕切るなんてとんでもない、自分にはできないって感じてた。ちょうど東豊さんとかが売り出した頃で、うわーすごいなって思ってたし。

森　だけどソリューションに出会って、しゃべらなくてもいいんだって、楽になった。

白木　余計なこと言わず、決まった質問をして、クライアントの言葉を組み立ててやればなんとかなると思えた。それから実際にインスーの面接を見ても、そんなにすごいことはないんだ、と思ったこともあった。特別に難しいことはしていないよね。決まったことを丁寧にやってるだけで、すごいインスピレーションを使ってるふうでもないし。だいたい手順は決まっていて、最初これ聞こうね、時間がきたら次これ聞こうね、だいたい出てきたらブレイクにして、話をまとめて返すだけ、ということなので。ちゃんと話を聞いて、変に考えたり、自分のイマジネーションを使おうとしなければ、その方がかえってやりやすいの。スティーブの面接見て、こんなでいいんだっても思ったし（笑）。

森　あれはすごいよね。

――何が、どうすごいんですか。

白木　ビデオを観ればわかるけれど。

森　観たらわかるよ、あの下手さ加減。スティーブを敬っている人っているの？　理論的な貢献を敬っている人はたくさんいると思うけれど、スティーブの面接を敬っている人っているの？

白木　それはいないと思う（笑）。

森　（笑）

白木　スティーブの面接を見て安心した人は多いと思う（笑）。ビデオを説明なしで見せられると、どっちがクライエントかわからないし。

森　そういう人だよね。

白木　だからコミュニケーション能力とか、対人関係能力がすばらしく高くなくても、余計なことをせず、決まったことを丁寧にやればいい。余計なことをしないというのではスティーブは徹底しているけど。ああいう無骨な人がやっても変わるんだという点では、僕らにとっては救いかもしれない。東豊とか神田橋條治先生とか、あんなすごくなくても、セラピーはできるということを教えてくれている（笑）。

森　なんかこう楽になられて、そしていっぺんめちゃ面倒くさいＲＤＩに行って、今度はオープンダイアローグ。

社会構成主義的セラピー

白木　オープンダイアローグもどちらかというとお任せで、みんなで勝手にやって、という姿勢なんですよ。余計なことをしない、対話の邪魔をしないことの方が重要みたい。

森　まあまあソリューション自体も社会構成主義的だけれど、オープンダイアローグはもっとラディカルっぽい社会構成主義じゃないの。

白木　社会構成主義のもっと先の感じ。理論っぽい方でいくと言語に頼り過ぎる社会構成主義を批判している気がする。なんというんだろうか言葉に偏りすぎるなみたいな。

森　そんなこと言ってるの。

白木　オープンダイアローグの理論的、実践的背景にトム・アンデルセンたちがいるのね。ノルウェーとフィンランドは近いから、けっこう交流あったみたい。トム・アンデルセンのことあまり知らなかったけれど、改めて論文を読むと、言葉にできない体の動きとかに触れているのがあって、社会構成主義的よりも身体感覚を伴った言語というところに関心が移ってたのかもしれない。それとジョン・ショッターという理論的バックみたいな人がいるんだけど、彼の本はすごく難しくてよくわからないんだけれど、いっぱい出てくるのがヴィトゲンシュタインとバフチン。僕はバフチンのことはよく知らなかったけど。ジョン・ショッターは、もっと身体的なレベルだとか、言葉なり情報がキャッチボールみたいにやりとりされるというイメージ自体が、もう間違っているみたいなことを言ってるの。

森　そうなん？　どうなの？

白木　それぞれは切り離せなくて、全体がくっついている動きと捉えるべきだみたいな。何かしゃべるときに、すでに相手のリアクションを期待しているというか。

森　「こっちに投げろ」みたいなのは、「はい、ここ投げて」みたいなのがあるってこと？

白木　投げる段階で、次どんなことが返ってくるかを想定しながら投げているだろうとか、もらうときも、きっとこんなの来るぞと予想みたいなのがあるとか。だから大事なのは、そこでやりとりされるボールそのものよりは、お互いの期待とか予想とかを含んだ、全体的なものに自然に反応する、みたいなことらしい。ナラティヴのように言葉のやりとりだけに注目するのは、大事な部分を見落としている、というようなことが書いてある。関係あるかどうかわからないけど、オープンダイアローグの逐語を読むと全然たいしたことないと思うの（笑）。本当に普通の会話っぽいことしかやってないので。

森　そのへんで一貫してないって言ったけれど、ソリューションとナラティヴだって最初からスティーブ・ド・シェイザーとマイケル・ホワイトはケンカしてる。当然、スティーブ派だよね。

白木　そうそう。マイケルはどうも虫が好かなくて。

森　そうだよね。

白木　なんでかと言うと、僕は社会運動的なものは好きじゃなくて。なんかデカイこと言うよりも、目の前のクライエントが大事で、精神医療がどうのこうのという人はちょっといい、というのがあった。

森　ＲＤＩやってると、いやがおうでも自閉症の存在みたいな、単に会話だけで構成されるものでもないだろうみたいなところと、白木さんはある時期きちんと向き合ってこられたわけじゃない？　すべてが会話で構成されるという的な、ノンバーバルをそこにいれてもいいけどさ、そういう発想ってあんまり白木さんにはないよね。

白木　もともとなかったかもね。ＲＤＩをやるようになって歴史が入ってきたし、最近になったら身体が入ってくるというのはあるかもしれない。

森　大きく分けると社会構成主義の中に白木さんも入っているんだろうと思うけれど、他の社会構成主義者が言っていることと、白木さんが言っていることって、ずいぶん私には違って聞こえるのね。

白木　そうか。

森　白木さんのおっしゃっていることがすごくまともに聞こえるけれど、他の社会構成主義者の言っていることは、なんだバカか、こいつらは……っていうふうに聞こえる（笑）。白木さんの言い方がけっこうひねくれているから。そこらへんをちゃんと白木さんはわかって言っている。

白木　わかって言っているつもり。でも別にわかってもらわなくてもいいけど。

森　（笑）聞いているお客は混乱しているね、確かにね。

白木　確かに混乱している。全部あえて説明しないとか、全部説明するのが面倒くさいとか、全部説明すると違う方向に行くという感覚もあるので。最近道元とか竜樹（ナーガルジュナ）に興味があって、空《くう》について読んだりしてる。竜樹は、言葉は空だって言っているんだよね。言葉というのは、中身は空っぽで、コンテキストなり、前後関係で決まるものなので、それ自体に特定の意味があるわけじゃないよっていうことらしい。社会構成主義といっても、言葉の意味は社会メンバーによって固定されるみたいに考えてる人がいるけど、それは違うよね。竜樹が言っているみたいにコンテキストと場面によって言葉の社会構成は絶えず変わるし、構成され続けている。固定的じゃなくずっと動いている。なので、言葉は空である。

だいぶ前に、文化人類学者の野村直樹さんと話したときに、社会構成主義と訳したのが間違いだったたかも、と言っていたの。彼は元々、社交構成主義にしたかったんだって。社会によって構成されるんじゃなくて、何人か集まって交流する、社交することによって構成されるというのが本来の意味なんだろうけれど、社交構成主義というとなんか意味がわからないし、誤解されるかもしれないので、社会構成主義にしたけれども、しまったなぁ、みたいなことを言っていた。

森　マイケル・ホワイトの時代を表すには社会構成主義で良かったんじゃない。

白木　そうか、そうだよね。

流れをつくること

森　白木先生、私に聞きたいことないですか？　なんか突っ込み入れて。

白木　森さんというとやはりミルトン・エリクソンの話かなと思うけれど。ステファン・ランクトンがだいぶ前に日本に来たときに教えてくれたけど、「アンビギュアス・ファンクション・アサインメント」というのがあって、『クリエイティブ・ブレイクスルー・イン・セラピー』（Creative breakthroughs in therapy）という本で改めて書いてるの。それがどうもエリクソンの秘密らしいって。エリクソンの症例を弟子たちが勝手に解釈していることと、エリクソンがやろうとしていたこととは、違うんじゃないかっていうこと。

スコットが教えてくれたのを思い出したけれど、ＢＦＴＣでもエリクソンのことを研究していて、エリクソンの論文を、治療や介入を、催眠を使うのとか、未来志向のとか、ジェイ・ヘイリーみたいな課題を与えるのとかタイプ別に分けてみたら、何パターンかになったそうで。ただ、いくつかのタイプに分類できたのは良かったんだけれど、大きな問題が一個あった。それは分類不能というのが一番多かったんだって（笑）。いくつかのパターンを確認することはできたけれども、分けられないのが一番多く、大部分がそうだったって言った。

森　そうだよね。

白木　そこで考えたのは、ひょっとしたらエリクソンは前もって流れを考えていたのではないかもしれないってこと。「アンビギュアス・ファンクション・アサインメント」みたいに、とりあえずなんか課題を与えると、それによってクライエントの認識なり行動に変化が起こる。その変化に被せる形で、後付け的に介入していたのかもしれないって。

最初から計算してやるのではなく、とりあえずなんかの形で介入をする。その介入によって何かの変化が起こる。どういうことかは気にせずに、そこで起こった変化を利用してさらに介入するということを、どうもやっていたんじゃないかって。エリクソンは論文には出来事をそのまま書くだけで、どういうつもりでやったとかが書いてないので、弟子たちが自分なりに解釈し説明を作り上げて、エリクソンの『なんとかアプローチ』とかいう本にしてるけど、元々エリクソンはそんなこと考えていなかったんじゃないのっていう話。森さんもそうじゃないの（笑）。

森　私自身のやり方っていうこと？

白木　そう。

森　私自身は、もうちょっと考えているんだけれどね（笑）。エリクソンはそうだと思うよ。中島央はもっとそうだと思うよ。本当に考えないということを徹底してやることの方がいいんだという感じだよね。中島先生は社会構成主義的エリクソニアン。

白木　そんなこと言ってるの。

森　私が今、勝手に言ったんだけれど（笑）。

白木　僕が黒沢幸子先生から聞いたのだと、森さんはあんまり考えてなくて思いつきでやっているみたいってことだけど。実際のとこ、どうなのかな。

森　エリクソンのことはよくわからないけれど、多分似てるんじゃないかなと。いわゆるメインストーリーはできているのよ。

白木　なるほど。

森　で、こんな流れで行けば、こんな感じで展開してきていくだろう、このケースはと。というのは多分始めて十五分くらいのところで、頭の中ではかなり明確にできている。

白木　ああ、そうなの。

森　で、後はその通りに、それに近くもっていくためのまず突破口というのがまず必要なんだよね。どこから入るのか、どういうふうに話をつなげて、どう展開させて、最後のおちにもっていくか。微妙なとこだよね。そこは全てを読み切ることは絶対できないので、その都度やりつつ、微調整しつつ、やっているみたいな。エリクソンの逸話で有名な馬の話と同じだよね。荒くれ馬がワーッとやってきてね、お前がどこからやってきた馬かは知らんけれど、お前は知っているだろうっと言って、エリクソンはポーンと馬に乗って、道から外れそうになるから、ここは走る道じゃねえよと。道さえ戻してあげればその馬は自分の家に戻っていきましたよという有名なエピソードがあるじゃない。あの感覚。

白木　ということは、メインストーリーはだいたいあるということなんだ。そうか、そうか。

森　黒沢先生はそれもないいんだよね。

白木　ああ、そう（笑）。

森　中島先生も多分ない。昔はあったんだろうけれど、途中で反省したんだろうね。それでやっちゃまずいなって。

――白木先生は？

白木　多分ない。馬は、自分の行きたいところなり、戻っていくだろうというぐらいはある。でもこっちの方向とか、そういうのはない。今はオープンダイアローグにはまっているので、対話さえ続けていけば何とかなるという感覚。治療関係を保ちながら、対話を維持していれば、自然にメインストーリーになってくだろうというのはあるかもしれない。ソリューションのときはこんなふうに思うことはなかった。ちょっと前は、治療のコンテキストと協力関係をベースにして、面接を組み立てたり、クライアントの望む方向へもっていこうとしていたけれど、そういうのもやめてしまった。さっきの話を聞くとなんだろう、脚本みたいな感じ？

森　脚本。そうそう、そうそう、脚本。芝居ずっとやっていたから。だからしみついているの。ストーリーをつくるというのが。

白木　大きなストーリーで、プロットがあって、ここでセリフで遊ぶ的な。

森　そうそう。アドリブもありよ、みたいな感じよ。そのへんのところは、東さんと私はすごい似ていると思う。

白木　そう言われたらそういう感じするね。

森　東さんも完成に力を込めているじゃん(笑)。持って行きたい方にもっていくよね。ご本人もそう言っていますね。細かいことはいいから、あそことあそこをつなげればいいじゃんみたいなことを最初に見立てるって。高速道路をつくるときには、細かいことは考えずに、線を引くものだと。

白木　それでいうと、僕はとりあえず道をもうちょっと前まで進むくらいしか考えていない（笑）。前はソリューションの方向があったけれど、今はとりあえずちょっとだけ前を開けようというくらいになったのかもしれない。

——どんなケースでもそうなんですか。

森　どんなケースでもそう。黒沢先生はよく頭を真っ白にして下手な先入観をもたず、面接室に入った方がいいパフォーマンスができるって言うのよ。下手なことを考えて、面接室に入ると失敗するって。

白木　そう。下手に自分で考えるとダメ。

森　私は逆なんです。真っ白で入ると、私は自閉症だから動けなくなる。どうもどうもってやれる、コミュニケーションスキルがない。表現力はあると思うけれど、コミュニケーションスキルがないのね（笑）。だからやりとりして、対話でダイアローグでやっていくというのは、私は苦手なんですよ。私の得意なのは、モノローグなんです。

白木　そうか。

森　クライエントさんのモノローグとセラピスト、カウンセラーのモノローグが掛け合わさってオルタナティブ・ストーリーができるという、そういう考えなんです。ダイアローグの掛け合いでやるもんじゃない。

白木　シナリオのメタファーで、もう少し説明をしてほしいけど。森さんの中に脚本なり大きなプロットがあって、セリフが決まるということだけど、それがクライエントのモノローグとどうなっていくの？

森　クライエントさんのことって、こういう言い方はおこがましいんだけれど、エリクソンも言っちゃっているから言っていいかと思って言うけれど、私は初対面のクライエントさんでも、かなりのことを知っている。

白木　そうなの？

森　パッと見て、ああ、この人こうこうこうで、生活歴なんかでもこんな生まれ育ちの人なんだろうとかさ、そういうのはパッと見たら、たいてい見える。

白木　あっそうか、へぇ〜。それは勘とか経験とかから？

森　経験だよね。エリクソンは若い頃に自分に課していたトレーニングがいくつかある。一つが今の現在症を聞くこと。何で困っているのか、どんな症状があるのか、それだけ聞いてセッションの初回面接が終わるわけ。それであとでその患者の生活歴を書いていくの。今こういう症状が起こっているということは、どんな生活をしてきたら今こんな状態になりうるのかということの仮説を立てる。

白木　ああ、そうか。

森　もう一つはずっと生活歴だけ聞いているわけ。病歴、生活歴の話だけ聞いて、今の症状については何も聞かない。それで今どんな症状でどんな困難にぶち当たっているかを書く。この両方のトレーニングを積み重ねていくと、ぱっとみただけで両方わかるようになる。

白木　へえー。

質問はしないで済むならしない方がいい

森　ということをエリクソンは言ってるけれど、そうだなと思う。だからトレーニングなんです。心理療法、精神療法の中でいわゆる病歴、生活に関しての情報収集、こういうことありましたか、ああいうことありましたかとか、学歴はなんですか、病気のご家族いらっしゃいますかとか何でもいいけれど、いわゆる家族歴、生活歴、病歴というもので通常病院でとられる質問って、言語でこっちが質問しなくても情報が取れてるんだったら、それが一番いいんですよ。あの手の質問って、聞かれて喜ぶ人あまりいないよね。非常に侵入的なじゃないですか。

白木　うん、うん。

森　しないで済むならしない方がいい。ということはしないでも知れる技術をセラピストが身につけていないといけないことなんですよ。

白木　そうだね。

森　だから大事な情報ほど聞かなくてもわかるようにならないといけない（笑）。

白木　そうか。

森　そういう情報を含めて、いわゆる映像的な情報も含めてね。私はどっちかというと言語情報はそのとき、一応、答えるのね。それ以上の情報はもたないので。それこそ語られていることは真実ではない。私にとって。

白木　なるほど。

森　もちろん単なる相互作用の一つのセリフ以上の意味はもたしていない。情報的価値という意味でもそうだよね。だけどより客観的な情報は、語られないところで判定する。これをやるためにはけっこうトレーニングを積まないといけない。

白木　そりゃそうだね。

森　それがバックグランドの違いになってくる。私は医学部で育っているから、そういうトレーニングをもうわんさかやるわけよ。心理の人はそういうトレーニング自体がそもそもないでしょう。

白木　それはないね。僕らだったら質問しなさいだし、他の流派だったら妄想しなさいになる（笑）。観察に基づかずにクライエントの断片的な言葉から想像力を働かしてイメージをつくれみたいな。僕らブリーフ系統はそうではなくて、わからないことはとりあえず質問をしようということになる。

森　ということはどっちも必要なんだろうと思うけれど、少なくとも絶対言えることはどっちか一つだけではできないということ。

白木　ああ、そうだよな。

森　心理臨床、精神科臨床どっちをやるにしても両方のトレーニングを受けとかないといいセラピストにはならない。言語だけに頼っていてはいけないし、言語だけではなく、非言語、語られていないことからの類推のトレーニング。それも私の場合は、芝居からきているのよ。私はあまりしゃべらない芝居やっていた。非常にゆっくりとした動きでセリフのあまりない能みたいな芝居。

白木　はいはい。

森　ああいうのでどういう表現ができるかというのをやっていた。飛んだり跳ねたりするのは野田秀樹さんに任せておけばいいから（笑）。私の仕事は静かにスッと居るという、あるいはボソッとなんか一言言うだけで、どれだけのものを表せるかという芝居をやっていたんだよね。だから今の心理療法も、その延長線上だよね。

白木　この話は初めて聞いたので、「おおっ！」ていう感じ。

森　会話に重点を置く心理療法的アプローチはすごく違和感を感じます。逆に非言語、体を重視するアプローチもあるよね。でもそのアプローチも、ごく一部を除いて、最終的には言語化させるんだよね。

白木　ああ、そうだよね。

森　動作法だったらさせないのかもしれないけれど。言語化させる目的のそのひとつのプロセスとして体を使うという意味合いでしかないんだよ。それは気に食わない。

白木　あっそうか。

森　体は体として扱え、みたいな。言語化させるなみたいな。

白木　そう言われれば、けっこうあるね。「あなたの体のこの部分はなんて言っている？」って。

森　そやそや（笑）。

白木　「もし体がしゃべるとしたら……？」というのは、けっこうやるね（笑）。

森　ＲＤＩは言語化させることに意味があるわけじゃないでしょう。勝手に体が動くようにならないといけないわけでしょう。

白木　言葉はあとでおまけみたいなものでしょう。患者さんの動きなり、体験なりに基づかない言語はダメだってものすごく言うので、逆に自閉症の子たちは体験から乖離した言葉を使うからうまくいかないと。

森　そういうこと言っているのは初めてだったから、ＲＤＩも白木さんから教えてもらってすごく興味もった。「ここまで言っちゃっていいのか」みたいな、私ですらびっくりした（笑）。

白木　多分、もう言っちゃったから後引けないという感覚だと思う。今、言った体の言葉じゃない部分。なんとなく言われていることはわかるし、でも自分としては言葉の方で質問することをやってきた。今、森さんに言われて改めて思うんだけれど、実際自分が研修会とか、トレーニングやっていると、参加者は一生懸命言葉でやろうとしているんだけれど、何か違うぞと思うのね。そこでこんなこと聞くのかとか、あるいはクライエントが言っているのはそんなんじゃないでしょというのを、なんとなく違うというのは自分でわかるつもりなんだけれど、説明はできない。そんなにトレーニングしていないけれども、なんとなく

森　言葉を聞きながら、他のメッセージと突き合わせているのかもしれないという気はするからね。私の場合、トレーニーがちょっとトンチンカンな言語化したときは、その言葉がどこから出てきたのかということを「事実↓検証」「事実↓検証」というのをきちんとやっていって、それこそCBTやっている感じのやりとりやっているかな。それに解釈するということは人間が避けて通れないことだから。だけど解釈は全て事実に基づいていかないといけないってスティーブも言っているじゃん。そこが乖離しちゃいかんって。それはその通りだと思うので、これはここから来ているという整合性をとることをきっちりとやっていく。

芝居の稽古だったら何かやらせるじゃないですか、その場ですぐ「ダメ出し」を出せるんです。他の劇団員も見ていて、今のよくないみたいなことを、みんなからやられるわけ。そしてじゃあ、こうかって次に取り組んで、その中で今のああいいね、みたいな感じで、何がいいのかと、他に言語的に整理しているかどうかは知らないけれど、ここはこんな声がして、ここはこんな動きをするとどうもいいらしいというのを覚えていくんだけれど、そういうやり方を心理療法のトレーニングメソッドに持ち込めるのかどうかよくわからない。

ダメ出しをしろ

白木　そうね。

森　持ち込めなくもないのかな。ダメ出しってすごい大事なんだよね。複数の人からのダメ出しね。心理臨床って基本的に今まで一対一のスーパービジョンでダメ出しが行われていて、あれってすごい危険なんだよ。

そうじゃなくて、みんなでダメ出ししあう。あれは良かったと、みんなでワ~っとやるような場面をどんどん増やしていくと、そのへんの下手な言語化するという悪癖から少しは逃れられるのかなとは思う。

白木　そうだね。ネガティブなオープンダイアローグもいいかなと思った。

森　うんうん。両方あって、ネガティブでもいいんじゃないの。ダメなの。

白木　オープンダイアローグはどっちもありですよ。どっちにも偏らず、オープンにするということが大事だから。どうなんだろう、正解を求める方向でいくのか、より近いとか、よりフィットしているくらい、よりいいでもいいんだけれど、どういう感覚なのかな。

森　正解ってどういう意味での正解？

白木　だから、言葉なり、体の感覚の正解らしさ？みたいなことを想定して、少しでも近い答えを求めてこうという方向なのかも。この言い方の方がずれてない、この方が近いかも、こっちの方がフィットしている、くらいの感覚かな。正しい、間違いではなくて。

森　心理社会的なことに関しては、私は正解はないと思う。

白木　なるほどね。

森　その他のこと、医学的なこと、物理的なこと、論理学的なこと、生物学的なことに関しては正解はあると思っているので、そこは患者さんが間違った知識をもっていれば、それは違うだろうと正すよね。そこは完全に分けている。

白木　複数のダメ出しの方がいろんなカードが出てくるので、いいかもしれない。これはちょっとズレてるとか、これもいいけど、こっちの方がましかもとか、ポリフォニックに。

森　そういうダメ出し会やるのもいいけれど、他職種集めた方がいいし、しかもみんな仲良くなきゃダメよ

白木　（笑）。ただのやり合いになったら意味はないからね。基本仲良くて、いろんな観点があって。
今の言われたことでちょっと反省しなければいけないことがあって、僕は研修会でけっこうダメ出しするの。ソリューション的とは言えないんだけど、参加者に対して実習セッションなんかで質問の仕方とかにかなりダメ出しするの。それで、参加者が萎縮しちゃうんだよね（笑）。なんでこのタイミングで、こんなこと聞くの、なんか変だよ、みたいなことを、僕が感じたまま言うと、なんとなくそれが正解みたいにとられてしまって。そうすると参加者は、正しい、間違いになって、ダメな質問をしてしまったと落ち込む、みたいなことが起こる。

森　心理社会的なことは、正しい間違いはない。そうとも言えるし、そうじゃない言い方もできるねという話になればいいわけですよ。

白木　そうだね。あともう一つ、興味本位で聴くんだけれど、そうやって一応メインストーリーがあってシナリオっぽくやっているとして、森さんと黒沢さんが組んだときはどういう感じになるの。

森　たいてい二人でやるときは構造は決まっていて、最初のクライエントさんの話を聞き、情報収集の部分は黒沢先生ができるからそこをやり、コンプリメントもやり、ねぎらってブレイクまで黒沢担当。ブレイクやって再開してからは私担当っていう感じ。それからはどっちかっていうと戦略的にやっていく。

白木　だから黒沢さんが自分の仕事をして、森さんがその間にすでにストーリーを組み立てているわけね。

森　そうそう。だから楽よ。

白木　（笑）

森　楽。だから白木さんは絶対パートナーをみつけないといけないと思うよ。

白木　それがね、パートナーいないんだよな（笑）。

森　白木さんのパートナーだと、誰と組めばいいのか。白木さんは何にもやりたくなさそうだから、全部やってもらう人どうかな（笑）。

白木　全部やってくれて、いいよって。

森　白木さんはただいるだけみたいな（笑）。そういうのになるのかな～。

白木　でもやっぱり、ちょっとズレたかも、ぐらいは言うと思う。基本的にあまり人を信用していないので。なんか一つの役割分担とか、任せる加減がどうもうまくできなくて。

森　はいはい。

白木　どこか全部自分でやってしまいたいところがあるので、それはまずいと思って引いてみるんだけれど、任せたら任せたで後でブツブツ言っている。クライエントにはあまり期待しないんだけれど、でも同僚にはいろいろ要求しちゃう。

――白木先生、オフィスでは一人なんですか？

白木　本当のクライエントのときは一人でやっている。前アルバイトの人に来てもらっていたけれど、アルバイトの人にやってもらうことをつくるのが面倒くさくて（笑）。

――陪席している人もいない。

白木　今はいないね。前は一人いたけれど。研修会で、みんなでやってごらんというのはしょっちゅうやっているけれど。

――さっき森先生が演劇の話をされていましたが、白木先生のセラピーで何か影響を与えてきたモノってあるんですか？

白木　あえて言うと音楽になるかな。大学の時、部活（？）でジャズの真似事をやっていたの。ほんと下手だったけど。昔のジャズは曲のコード進行に基づいて、そのコードの音を拾ってアドリブすることになっていた。ビーバップになるとオリジナルのコード進行をさらに細分化して、そこに含まれる音でアドリブを組み立てるので、とても面倒で技術もいる。けれど音の選択の自由度が低くて、クリシェ（月並みな表現）になりがちだった。

でも一九五〇年代半ばくらいかな、マイルス・デイビスがモード奏法というのをやり始めたんですよ。コードではなくて、一定の音階（スケール）に基づいた旋法（モード）をベースにアドリブをというやり方。コード進行にはとらわれず、モードに則って自由にメロディを作ればいいんだというスタイル。それが当時はすごいカッコ良かったの。ジャズの革命だとかも言われて。クラシックではなくてジャズ。コードジャズよりもモードジャズというのが、あこがれも含めて、どこかにセラピーの背景にあるような気がする。

森　編集部から、我々二人に質問ある？

――若い人へのメッセージをお願いします。

白木　今日の話に出なかったけれど、臨床の基本を教えてもらったのが、滝川一廣先生。直属の上司で、よく酒飲みに行っては、ぼそぼそと話をしたりして。当時僕は家族療法をやろうとしていたけど、滝川先生にはもっと基本的な、臨床のお作法みたいなことを教えてもらった。もちろん、インスーたちにも、スコットからも、ＲＤＩのスティーブからも、いっぱい教えてもらった。ただ、そういったことをあんまり還元できてない気がする。今日話したように、これまで自分がやってきたことが見えてきた気がするので、それを伝えたくてしょうがないんだけど。でもあまりそういう人が来ない。自分としては、もっと聞いてほしい、いくらでも教えるからって思っているけど。怖い人だと思われているのかな。

森　怖いかどうかはわからないけれど、話しづらいとか思われている。飲みにいくとやばいとかさ（笑）。

白木　それはあるね（笑）。だから、教えたいという気持ちがあるわりに、あまりそういう機会がない。みんな研修会に来てくれても、なんかみんな遠慮している感じで。聞いてくれればいくらでも話すのに。それとこれは黒沢さんとも話したけれど、僕らの若い頃ってもうちょっと貪欲だったな（笑）。

森　そうだよね、若い頃は。そうでしょう。何も知らなかったんだもの。これは何だろう、これは何だろうみたいな感じで。

白木　だからけっこう年長の人をバカにしてた。

森　してた。

白木　なんか偉そうに言うけれど、ほんとにできるんかよって（笑）。

森　今、白木先生から師の名前出てきたし、黒沢先生からも必ず何人か師の名前が出てくる。私はあまり出てこないんだよね。実際、師としてついた人は一人もいない。心の師は一人いる。あとはお友だち的なネタ的な人は一人いる。心の師は宮内勝という亡くなった精神科医だけれど、あとは神田橋條治、そのくらいしかないんだよな。師をもたないという、これって小さいときからの性格だと思う。小さいときからそうなんだよね。私、学校の先生を尊敬したことがないんだよね。

白木　それはそうだ。最もなりたくない職業が先生だった（笑）。

森　（大笑）

白木　さっきの話で滝川先生は長い間上司だったし、いろいろ教わったので師みたいには思っている。

――でも、滝川先生って白木先生のちょっと上くらいですね。

白木　三つ上。たまたま僕が情短施設に行ったときに、彼が大学病院から転勤で来て、上司だったのね。彼が園長で精神科医、僕らが心理スタッフという関係。他の心理の人たちは少し敬遠してたようだけど、僕はいろんな研究会に誘われては、お供でついて行った。毎週の精神科の研究会の後には必ず飲みに行って、酒飲みながらぼそぼそ喋って、いろんなことを教えてもらい、陪席させてもらったり、僕が面接するときに横にいてもらったりもしたけど、その後の振り返り反省会がとても長くて。

　滝川先生のことで良かったのは、彼は中井久夫先生の系統で分析系なんだけど、僕が家族療法とかブリーフセラピーをやろうとしてても、それでいいよと言ってくれたんですよ。「上司が分析系だから家族療法とかブリーフセラピーができない、なんてことを言わないでね」とも言われたし。「上司の理解がないからやりたいことができないなんて言わないで、やりたいことはなんでもやりなさい、責任は取るから」という感じで。こういうのは、とってもありがたかった。ＢＦＴＣに行った時も含めて、十年ぐらい一緒に仕事をしたの。

森　うちも東大だから、世間的にはなんとなく白い巨塔みたいなイメージがあるかもしれないけれど、ぜんぜんないよ。すごいフェアだよ。

白木　へぇ～、そうか。

森　上の先生の仕事を押し付けられるということもないしさ、みんな勝手なことをやっているし。代々の教授がそうだから。私、四代教授についているけれど四人ともそう。そういう意味ではすごい良かったよ。ちょこちょこといろんな部分を教わってきてて、みんな専門が違ったのも良かったと思うし、心理療法でも特定の師をつくることはなく、みんなで学会でワイワイ、どっちかというと同時代の仲間と一緒につくり上げていくという、その中の勉強が大きかったよね。

　当時は、今考えても本当にいい時代だったと思うのよ。上の先生にしたって我々同時代の人間にも、何も出来上がっていない時代だったから、みんなで考えて、これはどうだとか、あれはこうなんじゃないかとかディスカッションの中でしか何も生まれてこない時代。作り上げて行く時代だから。今はそれなりにそれぞれの領域ができてるじゃない。先生もそれを教えようとするしさ、教わる学生もそうなんだと、それをそのまま鵜呑みにすることが学ぶことであるという感覚がすごく板についているよね。それって教育じゃないだろうと思うんだよね。教え過ぎだし、教わり過ぎだよ、今は。そのへんを臨床でどうやっていくか、難しいところなんだよね。

白木　今の話で思い出したけれど、インスーの実家がソウルなんだけど、十二月四日、ジョン・レノンが死んだ日がインスーのお母さんの命日で。毎年その時期にインスーやスティーブが韓国に来てワークショップやったりしていた。僕もBFTCに行ってからは、何回か呼んでもらって兄さんの家に遊びに行ったり、ワークショップに参加したりしたけど。そんな時にインスーに、最近どうしてるのかと聞かれて、研修会をやったり、ちょっと教えたりもしてますみたいな話をしたら、自分のコピーをつくろうとしてはいけないよ、と言われたんですよ。お前も私の真似をしないようにと。それぞれの個性やリソースを活かせばいいので、自分と同じようにさせようとしてはダメだと言われた。当時、僕はインスーの真似をしようと思っていたので（笑）、そうか真似しちゃだめなんだって。

森　（笑）

――言い足りないこととかないですか。

白木　いっぱいあるけれど、仏教の本を読んでいて、お釈迦様の対機説法ってあるじゃないですか。最近、あれはセラピーとどういう関係になるんだろうって考えてる。普通のイメージではお釈迦様が法（ダルマ）を、様々な方便を用いて弟子なり相手なりにわかるように伝えているという感じだけれど、本当はもっとダイアローグ的にやっていたんじゃないのかなって。

森　仏教もイスラムもキリストも、あれは全部後の人が書いたものなのであって、ダイアローグ的に書いてあろうが、モノローグ的に書いてあろうが、別の人の作品だよね。だから本当に何をブッダが言ったのかはわからない。

白木　ブッダが言ったことを聞くなりして、その弟子なり、その人が納得して、生き方を変えるわけじゃないですか。

森　そうそう。

白木　それって単なる説得じゃないんだろうと思って。お釈迦様との対話をとおして、ああそうなんだと、弟子が納得して自分から変わったかもしれないので、そうするとセラピーに近いのか、共通点があるのか、もともとはダイアローグっぽかったのかというようなことを、勝手に考えている。

森　人生に比べれば、まだ心理療法の方が技術でなんとかできるからね。いろいろ経典をつくることは、それなりに意味があるとは思うけれど、どんな経典がいいのか。ほんとに純粋に経典をつくるとしたら、何カ条とか巻物みたいなものになるんじゃないかな。最終的には。ああしろ、こうしろではなくて、ここだけ押さえておくべしみたいな。

白木　そうだね、なんか忍術の巻物みたいにさ、免許皆伝のときって、知らないけれど、そんなにたくさん書いてないですよね（笑）。

森　でもやっぱり、やっぱり五〇過ぎると宗教行くんだよね。

——森先生は行ったんですか。

森　行かないけれどさ。私はなんというのか、横柄な人間だから、自分は十三歳で菩薩になったと思っているから。けっこうマジで思っているから。

白木　それからずっと菩薩業を？

森　そう、菩薩業。涅槃とかは拒否した。
白木　悟りも？
森　輪廻がなくなるから。あそこまで解脱すると。輪廻がなくなって来世がないというのは楽しみがかなり減る。菩薩はまだ輪廻が残っているので、菩薩にしようと。だいたいわかったから（笑）。
白木　そうか、菩薩様なんだ（笑）。

白木孝二（しらきこうじ）　Nagoya Connect & Share 代表。臨床心理士、RDI®Program Certified Consultant。名古屋市児童福祉センターを経て二〇〇七年より現職。私設相談室でのＲＤＩ及びブリーフセラピーの臨床実践の傍ら、継続的に研修会も行っている。最近の関心はもっぱらオープンダイアローグの臨床哲学とその応用。

森（左）・白木（右）　2015/1/11

第2章　催眠話、濃いめ

中島　央×森　俊夫×黒沢幸子

エリクソン催眠

――セラピーの本質について、皆さんが何を考えているのかを森先生が聞きたいということで始まった企画です。中島先生に託されているのはミルトン・エリクソンの話です。

森　今までも何人も対談やってきたけれど、ちょこちょこは出たけれど、あんまりエリクソンの話は出てない。

中島　エリクソンといっても、僕が初めて真面目に読んだのは、先生が訳された本（『ミルトン・エリクソン入門』オハンロン著、金剛出版）が初めてで、あとは本当につまみぐいばかりやっているような感じです。最初はエリクソニアン催眠とかも、ブレント・ギアリーさんが教えるようなところも最初はちょこっとだけほんの数カ月やったんですが、そのうち自分のやり方にどんどん流れてしまって。僕にとってエリクソンの存在って、同じようなこと考えているなとか、同じようなこと言ってるなみたいな感じですね。すごく漠然とはしているんですが、先生のお話をいろいろうかがって、ああ、そうだったんだってことを後から発見したり。他の人たちとはエリクソンの学び方がだいぶ違っていて、東豊先生ではないけれど、エリクソンのことを想像するというのが主なトレーニングで、エリクソンだったらどう考えるかなとか、エリクソンだったら何やるかなとか、本を読むというよりもそっちの方が主でしたよね。

森　催眠の技法なんかもよくアネクドート（逸話）とか言われているけれど、エリクソンはこんなふうなお話をしていたんじゃないかとか、そういう本当に妄想と想像の世界でエリクソン像を形づくってやってきたんです。どうなんでしょうね、そんなのって。

中島　エリクソンは一九八〇年に亡くなってしまったから、その後からエリクソンを知った人というのはそれしかできないものね。僕だってそうや。

森　そうですよね。

中島　死んでるんだから、想像するしかできない。私も生きているエリクソンは見てない。日本では生きているエリクソンを見たのは四人だけなんでしょう？

森　この前、久留米でお会いした柴田クリニックの柴田出先生は、「僕はエリクソンと文通していた」っておっしゃってました。その柴田先生から、なんかすごく褒めてもらって。

中島　それは珍しいじゃん。

森　エリクソンに酷似しているって。

中島　すごいね。

森　君の方がエリクソンなんだよみたいなことを言われて、いえいえ～って感じでした。嬉しかったけど。でも、本当に実像というのがわからないですよね。

森　どこが似ているって？

中島　いろんな催眠のスタイル。話したり、実演しているのを見てらっしゃって、それでそういうふうに言ってくださったみたいです。もしかしたら憑依かもしれませんけれど（笑）。憑依は違うと思いますが、先生は恐山に行かれたんでしょう。

森　私は行かない。行ったのは白木孝二先生よ。

中島　先生も行かれたと聞いてました。イタコに寄せてもらったって。ずうずう弁のエリクソンが現れたという話ですよね（笑）。

ところで、東先生と話していたように（編集部注＝東豊との対談を参照。この座談会は本書収録の東豊氏との対談のあとに行われ、中島氏は東氏と森との対談にも陪席していた）動物としてみるという、あの目線こそがエリクソンの本質じゃないかというふうにずいぶん前から思っているんですよね。動物性、生物性を大切にするところです。エリクソンがしゃべっていることをみるとそういうにおいがすごいする。私が医者だからかもしれませんが、でも医者的な動物性の見方ともエリクソンのはちょっと違っているような感じがします。なんか平べったい動物の習性みたいな、そんな感じで人間としての習性はなんなんだろう、という見方をすごくしていたような感じがしますけれどね。

森　やっぱり農夫の息子だったというところは大きいと思うんだよね。

中島　植物ですよね。

森　植物も含めて生物だよね。小さい頃から、生物の動向に関してはものすごい興味を持っていたよね。

中島　そうですよね。

森　その目線は一貫しているようにみえる。

中島　そうですよね。さっき東先生もネズミの実験をしていたんだよって言われたんですけれど、あの感覚というのは意外に心理学の動物実験に置き換えて考えると非常にわかりやすい。そういう見方でいうと心理学をけっこうやっているなという感じがします。だからそういうのがベースにある。でもエリクソンの残した言葉は少なくて確かめられない。後継者とみられているヘイリーとの対談集にしても、門前進先生が訳された『ミルトン・エリクソンの催眠療法』なんか、あれもヘイリーとすれ違いまくりですよね。

森　まあね。

中島　すれ違いまくりで、ヘイリーはだいぶ違う考え方をしていたんだろうなと思いますね。

森　そうだよね。

中島　まあ、今残っているエリクソンものの話というのは、かなりその人の主義主張にエリクソンを当てはめて見るような、そういうのが主のような気がするんです。だから本当に妄想するしかない。

森　そうですよね。

中島　エリクソンで大事なのは観察しなさいよということろですよね。すごい動物的な習性、生業みたいなところをよく観察すると自ずから答えは出ますよと。動物は無意識で生きていますから、そういうところからすると、この先この人はこんなふうになる、こういうふうになっていってそれがとっても無意識的なところで働いている。だから無意識に任せることができたら一件落着というか、そういう非常にシンプルなモデルのような気がするんですね。でも、人間は無意識に任せることができない動物なんで、それをいろんな手練手管で外していったというのが基本的な路線じゃないかなと思ってはいますけれど。

森　エリクソンは意識と闘ってるという感じだよね。

中島　ですね。意識とですよね。

森　意識をつぶすためにコンフュージョンするし、健忘させるし。

中島　そうなんですよね。医学的なところで医者としていろんなこと経験してきましたけれど、無意識的なところが全面に出てきたら本当に脳が変わっちゃうではないけれど、体型が変わっちゃったりもある。僕のクライエントでいるんです。ちょっとエッチな話なんですが、ぜんぜん開かれていないというか、自分の関心が外に向いていないときは胸がAカップくらい。ところがいろんなセラピーをやって、複雑な経緯を経たんですが、男性に興味があるんだというのがわかって、自分の間違っていた記憶を修正して、ああ自分は実は男性を毛嫌いする必要はなかったんだとなった頃からどんどん胸が大きくなりだして、Dカップくらいになった。何だこれはと思いましたね。そして結婚してその後旦那さんとうまくいかなくなったらまたAカップに戻った。

なんというか、すごくヘンな無意識的なところが作用するとそういうことって起きますよね。意識と闘う仕事って、意外とそういうことがありますよね。おそらく男性に興味を持つというのは無意識に逆らわない方向なんでしょうが、それは男性、やっぱダメだという意識の方向なんで、意識が勝ってしまうとAカップで、無意識が勝ってしまうとDカップという、なんというか不思議なことがあります（笑）。

森　うちのおやじも七十七歳で再婚して髪の毛が黒くなったから。たいしたもんだよね。

中島　そうですよね。世の中にいろいろそういう話は多いですよね。比較的そういうことがエリクソンのところではよく起こっていたという感じがします。だけど一般のサイコセラピーの場合じゃ、そういうことはなかなか起こらないじゃないですか（笑）。

森　だって目指さないもの。

中島　そうなんですよね、目指していないからですよね。

森　というか逆だよね。そういうことがちょこっとでも起こりそうになるとそこをつぶしにかかるわけでしょう。全部を意識に入れ込むからさ。

中島　東先生の話で出てきた教育の話じゃないですけれど、一般的に教育というのは僕からすると、意識の部分を活性化させるというか、意識の部分に働きかけるのが教育で、でもそうやって無意識をつぶしていくというイメージがあります。一方でエリクソンは教育してたかもしれないけれど、少なくとも無意識をつぶすような教育はしなかった。体験学習に近いようなものですね、なんとなく。

森　体験できるかどうかなんだよな。エリクソンのは、言われたり、されたりして、それを体験できて、それが体験できればいつかおつりがくるんだろうけれどね。スルーするかもしれない。またこの体験していいものなのか、いい刺激なのかどうかすらわからない（笑）。

中島　わからないですね。体験してそれが非常にドラスティックに自分の中で影響しだすと自分が社会的にいい方に変わるのか、悪い方にいっちゃうのかわからないですからね。少なくとも無意識的なところは働くので、自分を消滅させる方向には働かないんだろうというのはあるんですが。その部分が意外に、僕らがエリクソンについていろんな人にしゃべるときにうまく伝わらない部分でもあるんです。無意識をちゃんと信頼していればめったなことはないんだよという、そこの部分が伝わらない。

森　そうなんだよね、うまく伝わらないんだよね。エリクソンのことは面白く聞いてくれるけれど、人々にうまく伝わらないんだよね。

中島　伝わらないんですよ。伝わらなくて不思議。

森　中島先生には何で伝わったの。

中島　しっくりきたからですよ。

エリクソンをリファレンスする枠

森　何が参照になっているの？　エリクソンをリファレンスにできることは何が必要なんだろう。多くの人がエリクソンをリファレンスにできないでいると思う。

中島　そうですね、障害みたいなところが関係しているかもしれないですね。

森　それは一つあるかもしれないですね。

中島　僕の場合、今考えると小さい頃はひどいＡＤＨＤで、もうすごかったんですね。いわゆる不注意優位型というやつ。頭がデコボコしているのは、ケガしまくったからだと自分で信じているんですけれど。しょっちゅうこけて頭打つし、片づけというのが全くできなかった。学期末になると先生の指示でクラスのみんなが僕の机の中を探検しようということで掃除してくれたんですよ。実験で使った腐った玉ねぎのミイラが出てきたりとか、それほどひどくて。いや本当に不注意がひどくてちょっと学習もいびつでした。そういう部分は非常に強くあった。あとは交通事故でひどく頭を打って、鉄棒とかほとんど体育なんかできなかった時期があって、体が思うように動かない体験というのが小学校の中くらいでありましたね。それが突然小学校の高学年になって足が早くなってとか、そういうヘンな体験をしています。だからそういうものがひょっとすると参照することに役立っていたのかもしれないなと思います。

森　それは大きそうだね。

中島　常識的な物事というのを小さい頃からあまり信じていませんし、そういう部分が大きいんでしょうね。だからそれも体験なんでしょうね。エリクソンに似たような体験があって、障害体験みたいなのがあると意外とそういう一致が起きるというか、あるいは共感しないとエリクソンが言っていることに、ああそれはそうだ、ほんとだみたいに頭から信じ込まないと、うまくそれが自分の中に取り込まれないという面はあるのかもしれないですね。エリクソンの言っていることや伝記は多くの人にとって読み物になっているけれど、すごくその部分は実感として感じますね。体験的な、感覚的な体験の人だったのかなという部分がすごくあります。

森　エリクソンは学習障害（ＬＤ）だし。エリクソンはもともとは障害があるから、感覚は不得意領域なんだよね。そこをエリクソンはトレーニングで鍛えた。エリクソンこそトレーニングの人だよね。

中島　そうですよね。

森　だから天賦の才ではないよね。

中島　そうですね。

森　もって生まれたものは障害者なので。

中島　東先生の話を聞いていると、東先生は天賦の才ですよね。カウンセリングをする前からもうすでに終わっているという、ああいうのが天賦の才なんだろうなという気はするんです。

森　東さんは天賦の才だと思います。エリクソンは努力している、メッチャ努力しているよね。

中島　エリクソンはセラピーが始まったとたん、セラピーの中でも努力をするんですよね。中でまた新たなこと見つけようとしたり、発見しようとする努力というのはすごくやってますから。

森　すごいよね。

中島　だから始まる前から終わっているというような才能は、エリクソンの中にはなかっただろうと思います。多分僕もそういうのは全くない。始まる前から終わるということはなくて、会ってみていろいろな発見もあるんですが、患者さんご自身があまり見てなかったところだとか、周りの人もみてなかったところだとか、そういうところに自然に気がつく。そういうところが途中で、ああだこうだって自分の中で努力をしているわけですね。頭の中ですごいＭＹ努力をしていくとポーンっとそれが下りてくるような感じというのがある。東先生の話を聞きながらだいぶ違うなと思いました。おそらくエリクソンもその手の才能はなかったと、すごく感じます。

エリクソンの同時代人に天才的な人いますよね。宇宙の気がどうのこうのと言っていた分析の人――ウィルヘルム・ライヒ（一八九七〜一九五七年）みたいなすごい天才的な人がいたと思うんですけれど、ああいう人たちとはだいぶ違いますよね。物の気づき方だったり、まとめ方というのが。もしエリクソンが天賦の才でやっていたとしたら、ああいう実験的な終わり方はできなかったと思います。

僕は森先生の論文を読んでものすごく楽になったんです。最初に『ブリーフサイコセラピーへの招待』（宮田編、金剛出版）だったかな、その中で別にセラピーは起承転結の結をつけなくてもいいんだよという論文です。ああ、それでいいんだという感覚ですよね。全く終わらせなくても全く不安にならずに、今日の実験は終わりみたいな感じなんですよね。やっていってどうかな、やってくれたら嬉しいなみたいな感じで帰していたので、あの論文でとても楽になりました。

森　芝居の話とかね。

中島　そうです。そういうのはエリクソンはとっても上手ですよね。うまくまとめていないというか。

森　まとめてないよね。

中島　まとめてなくて、肝心な部分は患者さんが自分自身で実行するんだという、そこにいたく共感する。なんというか、いかに患者さんに動いてもらうか、しかも自主的に動いてもらうかどうかという、そういうのがすごく痛快というか、ほんとそうなんだ、その通りなんだと思います。

森　エリクソンを参照できるといったときに、こちらも何らかの障害をもっているということは一つ重要な要素だと思うのね。

中島　そうですね。

森　思うんだけれど、もっていればいいかといったらそれだけではない。じゃあ、障害プラス何が大事かとなったときに、まずその自分の障害に対しての自覚、自分は人とは違うよねという感覚だよね。

中島　違和感ですよね。

森　エリクソンの場合は、それが本当に幼少期からあったよね。多分学校上がる、上がらないその頃から、エリクソンの場合はもうはっきりと自覚している。なんか自分が見ている世界というのは、周りの人がみている世界とはどうも違うものを見ているらしい、ということを自覚している。

中島　重要だと思いますね。そういう見方をするためには本当にリスクと隣合わせなんですよね。だからみているものが違うだろうし、常識と言われているものが人と違うんだろうけれどというのは小さい頃からあったんで、僕の場合、中学最後の頃にいっぺん破綻しかけました。精神的な世界が、あまりにも違うので、これは現実ではないんじゃないだろうか、という感覚をずっともっていて、これは誰かがつくっているイミテーションの世界なんじゃないかという感覚がずっとあって、それがもとでかなり追いつめられて明日にでも宇宙が終わってしまうのではないだろうかとか、そういう恐怖感。小学校の間にも何回もあったんですが、そのリスキーな精神的な不安定さというのはほとんど勉強もできなくなったくらいなんで、かなり大きかったと思いますね。

森　そうだよね。

中島　患者さんから話を聞くと同じように信じ切れていない部分があるんですよね。患者さんに小学校のときの原爆の授業が怖くなかった？　と聞くと、統合失調症系の人はやはりとっても怖くて眠れなくてしばらくあとを引きましたって。どれくらいってきくと一年くらいっていうのがあって、やっぱりもっているんですね。ああ、そうなんだと、そういう感覚を基本的に疑わなくなった頃に、やっとセラピーができるようになった。

森　そうよね。

中島　そういう感じはありますよね。

森　エリクソンもあったのかな？　そのへんどうなんだろう。そのへんの怖さみたいなのは。

中島　一時期、すごい肉体改造しているので。あの川下りの話（編集部注＝エリクソンには、ポリオ（小児麻痺）になった後、カヌーに乗り川下りの旅に出るエピソードがある）ありますよね。

森　ポリオになってからの話。

中島　かなりそれはあったような気がします。それで体をつくることですごく追い込んだ部分というのはあるんだろうと思います。それをやりたがるんですよね。すごくわかるんですよ。通り一遍のことではダメなんですよ。一人で何かを成し遂げるではなくて、きついことをあーってやってみて、自分もできるんだという感覚をもたないとなかなかそれが、肉体をいじめこまないと頭の方にこないというか、そういう部分というのはやはりあると思います。

森　けっこう小さいときのこと。ポリオは十七歳だから。十八のときにあのカヌーのエピソードがあるわけだけれど、小さいときから自分の障害ということを、色盲だし、実は音調障害だし、失読症だし、そういう自分の認知障害があるということをわかっている。文献をみていく限りは、小さい頃からそれをけっこう面白がっている。

中島　話のタネですからね。

森　なんか違うと。何か面白いことが自分の中には起こっている、人とは違うことが起こっている。なんだこれはみたいな感じの好奇心の方にけっこう動いていて、とにかくエリクソンというと、エリクソンを語るときいろんな言葉で語れると思うんだけれど、一つのキーワードはとにかく「実験」だよね。

中島　実験ですね。

森　なんでもかんでも実験するんだよね。鵜呑みってやつがエリクソンってないんだよね。必ずこれはこうなんだと、どんなことでも自分で試してみて証明しないと彼は信じない。なぜかといったら小さいときから自分が自覚している認知障害があるから、自分のとらえ方というやつを鵜呑みにできないんだよね。必ずこれは本当なのかって試してみる。

中島　そうですね。検証しますよね。

森　検証していって、確かめられたことだけいれていく。人の言っていることも絶対鵜呑みにしない。エンドウ豆だったかの、有名なエピソードがある。親父さんが満月だったか、ある月齢の月に向かって苗を植えると一番良く育つという持論があった。でもエリクソンは、鵜呑みにしないでいろんな月のときにいろんな方向に向かって苗を植えて育ち具合を実験するんですよ。結果は同じなんだよね。だから親父の言っていることは関係ないとわかる。子どもの頃からそういうことをいちいち試してる。普通、子どもだったらそうなんだといって教わるじゃない。エリクソンはそれをしないんだよね。

中島　なんでも自分で確かめないと気がすまないというのは理解できますね。でも僕には実験するだけの根性はないですね（笑）。エリクソンはそういうところはすごい綿密ですよね。自分の感覚に自信がないというときにやることとって、結局自分に対する非常に根拠のない自信をもつこととか、もしくはいろんなものを調べていって自分なりに考え方を構築して、「こういうことなんだよ」みたいな自分の感覚を信じてそれに没頭するとか、そしてエリクソンがやったみたいに実験するとか。やり方としてはそういうやり方しかないかなって気はしますね。それ以外に逃げ道がないんです。やはり彼は農夫の出身だから、実験の方に走っちゃったんでしょうね。僕らはもうちょっと幸せな時代に生まれているので、音楽の世界に走ったりとか、先生だと演劇だったり、なんか自分の考え方なりを構築できる場というのがある。すごくそれは幸せだなと思います。あの時代だからやることが違っているんでしょうね。今、同じような感覚を持っていた人が他に誰かいたとして、それが現在の子どもを取り巻く状況で育っているとしたら、たぶんまた違った表現型になると思います。

森　そうだね。

中島　ただそういう人はエリクソンの話にリファレンスとしてスッと入って行けるのだと思います。けっこうギリギリ超えていて、これ以上いったら死ぬか発病するか、どっちかみたいなところをおそらくエリクソンは経験しているんじゃないかなという気がします。それを必要な形で表現していたんだと思います。

森　実際、メンタルではないけれどポリオでは死にかけている。

中島　そうですよね。やはり精神的なものでもどっかで破綻をきたしかけているとは思うんですね。若いときの言動は不明ですからね。

森　ないわけではないけれどね。

中島　自分から語ったものしかない。周りの人がこうだったという形で語ったものがないんですよね。これは妄想なんですが、自分を重ね合わせると、あるときから急に心理療法的なものが突然突如としてふってわいたようにやれるようになった体験も同じではないかという気がします。催眠の実験みたら自分にもできると思ったのでちょっとやってみたらできた。そういう感じ。これだったら自分にもできる、というエリクソンの感覚はすごくわかりますね。

森　エリクソンの場合、催眠体験はその前から自分の中でたくさんあるから、新たに学んだことではない。

中島　破綻しかけるときって、意識の世界ではどうしても自分をコントロールしようといろんなことやる。でもそれはすべて無駄で投げ出すしかないとなったとき、無意識を信用するしかない。そういうところが、とっても小さい頃からあるんだと思います。意識を信用できないという。

エリクソンを知る

中島　大学生のとき、環太平洋ブリーフ・サイコセラピー会議で来ていたメアリー・グールディング——その夫のボブが生きていたときにあの人たちのワークショップにいって直接習ったことがあるんです。で、けっこううまくできて褒められていたんですが、ある一定以上はできなかった。全然頭に入らないというか。意識で行動をコントロールして、自分をある意味アクターにして、そのセラピーの場面で起こることもコントロールしながらそこに強烈な意識の世界をつくりだす。彼らがやっていた再決断療法ってそういうやり方ですが、それができなかったんですね。途中でテンションが落ちちゃうというか、やっててこんなのはずかしいとかくだらないとか思っちゃってほんとテンションが抜けてしまうんです。だから一緒にやってた人から、あなたは多分サイコセラピストには向いていないんだって、もうこっぴどく言われて。

森　そこまで言う。

中島　言われてしまったので、僕は医者になってからもずっと診断の世界をやったり、実験をやっていました。ずっとそういうことばっかりやっていたんですが、ブリーフの世界に出会って、森先生に直接電話か手紙を書くかして学会に入れていただいたんですよね。あれぐらいから急になんでもかんでもできるようになったんです。逆にそれまでは背を向けていた。サイコセラピーの世界は、あんなものだとばかり思っていましたから。

森　どの時点でエリクソン知ったの。

中島　ずっとエリクソンは知ってました。グールディングを勉強する前から名前は知っていて、再決断療法の黄色い本の隣に灰色の本が本屋さんに並んであったんです。両方とも手にとってみたら、灰色のエリクソンの本の方がしっくりはきたんです。ああ、これ感覚的に合うって。ただ友人から役に立つ心理療法の本を買ってきてくれと頼まれたので、黄色い方の『自己実現への再決断』（グールディング夫妻著、深沢道子訳、星和書店）を見てみたら、こっちの方がすぐに役立ちそうだってことで、それを持っていきました。それからお手紙を書いて、グールディング夫妻のワークショップに急遽参加することになって、そっちの方の流れで入っていっちゃった。だからずっとエリクソンの本は気になっていたんですよね。それでエリクソンって本当のところどうなんだろということで先生が訳された本、『ミルトン・エリクソン入門』を読んで、ああこうなんだ、やっぱりそうなんだという流れです。全部がエリクソンに結びついて見えました。その当時ブリーフサイコセラピーでやってこられたことは、ソリューションも、これはエリクソンでしょうと。そうだとすると、インスーたちが書いたソリューションフォーカスト・アプローチの『解決のための面接技法』（玉真慎子監訳、金剛出版）という厚い本も通読したんですが、ぜんぜんしっくりこなくて。ほんとのソリューションの源流というのは違うところに絶対あるはずだと思っていろいろ調べていたら、あの黄色い小野先生が訳していた本、『短期療法、解決の鍵』（ドシェイザー著、小野直広訳、誠信書房）、あれがしっくりきて、やっぱりエリクソンだったんだって。どんどんエリクソンの方に集約していった。

森　催眠はどういうきっかけで入ったの。

中島　催眠は、それこそ故 北村雅子さんたちがやっていたエリクソンクラブの研修に一回行ったらある程度わかりました。エリクソニアン催眠ってこういうことなんだと。その時、心理療法の外来を大学病院で週2回もっていたので、もう全員に催眠をやっちゃったんです。二、三カ月の間ずっと。ただやっていたらエリクソニアン催眠にも違和感を感じてきて、もっとこうやったらいいんじゃないかとか、エリクソンは確かこうやっていなかったぞとか、組み替えていったら一年もしないうちにできるようになったという感じです。それから催眠療法を中心にやっていったんですが、どうしてもどんどん飽きてくる（笑）。

森　そうなんだ、飽きるんだ。

中島　技法的なところですぐ飽きちゃうんです。だからもう飽きてきたので催眠もあれでしょって形で、違う形のトランスもあるんだよということでやっていたら結果的にはやはりエリクソンのやり方に非常に近いと言わるようになってきた。

ほんとに努力しなくても催眠は簡単にできましたね。才能というよりはそういう頭の構造の問題だと思うんですよね。東先生がこいつは楽勝だと思わないとセラピーは無理だって言われたんですが、催眠も全く同じです。催眠が成り立つ要素というか感覚というのがあって、催眠はぜんぜん難しくなくて、人を催眠に入れることは全然楽勝なこと。しかも入れるんじゃなくて、もう人間の大部分は催眠の中でできているわけだから、今そこにいる目の前の人はすでに催眠にかかっている状態なので、ある意味、それを引き出してあげればいいだけの話なんだという感覚です。それがわかったらほんとイージーになります。催眠に入りませんでした、どうでしたとか、言われますけれど、いやそんなことはないと自分で思ってますから。自分の観察結果からするとそうではないと。あなたの主張は受けるけれどどっていう感じにはなりますが、そういう意味合いでは苦労はしないですね。だから世間でよく言うバッドトランスとか、催眠から覚めなくて困ったとか、催眠をやったら調子が悪くなったとか、一回も経験したことないです。きっとそこは、他の人たちと催眠をやるときのものの捉え方がすごく違うんだろうなと感じはします。

僕が小学校のとき、友だちが催眠ごっこしてました。嘘だ〜っとか思ってましたが、かける人が手からエネルギーを送るんですよ。当時それが流行っていて、エネルギーを送られた方は、あ〜っとか言って体が硬直しだして催眠になる。あの催眠の一部は多分演技だと今でも思いますね。特殊な環境をつくりだして特殊なことをやって演技でもってクライエントが協力してくれる。エリクソンも、クライエントが過剰に協力するからわざと催眠というのを外して入れちゃ出し、入れちゃ出しみたいなことでやったみたいなこと言っていますよね。あれはわかりますね。典型的な催眠やってるのを見てると、時々おかしくなりますものね。演技だなって。

森　（笑）

中島　エリクソンは初期の頃、ショー催眠と医学催眠は違うということに熱心だったみたいですけれど。

――ショー催眠ってバラエティショーみたいなものですか。

森　そうそう。

中島　とにかくしつこいんですよ。亀田ブックサービスから出てたビデオで、エリクソンのトランス、一〇分そこらの催眠をジェフリー・ザイクがそれを一時間くらいかけて解説するんです。解説はどうでもよかったんですが、何回も観ているのがおかしくて、おかしくて。エリクソンが、すごくしつこく舞台催眠と医学催眠の違いわかりますよね、というのを何回も何回も言うので、このオッサンしつこいな～と。
　最近、患者さんから先生の言うことしつこいって、同じこと何回も言うでしょうって言われて。そうかって、ベティ（ミルトン・エリクソンの娘）に確認したんですよ。同じこと何回も言うんですかって聞いたら、そりゃそうですよって。いつも同じ怒り方でいつも同じことばかり言ってたと。面白かったですね。ベティ・アリス・エリクソン――娘さんから話を聞いたら。ベティはけっこう下品なジョークが好きそうなんですよ。

森　そうだっけ。

中島　エリクソン家というのはあまり上品ではなかったのではと思います。なんかすごい庶民的で、いわゆるアメリカの中流家庭みたいな雰囲気が満ち満ちているみたいな。エリクソンのことはいろいろ想像しますけれどね。催眠は何でしょうね、ただ万人がそういうやり方でやってもいいのかなと思います。ある程度催眠やる人はもうちょっと簡単に催眠を使ってもいいような気はしますけれどね。ただ旧来の誘導を使ったやり方だと、これは無理だなと思います。これは鶴光代先生も言っておられました。催眠というと三歩くらい引かれるけれど、中島先生のようにすると引かれないんですよみたいなことを言われて、そうなんだと思ったことがあります。旧来の誘導を使ったやり方だと、トランスは万人が使いにくいものだと思ってしまう。アメリカの臨床催眠学会もそうらしいですが、催眠をがーんとやっている人たちというのは、まずきっちり誘導をやって解催眠をしてというあのスタイルをやらなきゃと言っているらしいです。先生もお嫌いだったんですよね。そういうやり方というのは。

森　催眠そのものが、私はあまり好きではない。

中島　ですよね。

森　特に定型的な催眠がいやでね。鳥肌もん。生理的にダメという感じ。理屈の話ではないんだよね。

中島　エリクソンも全盛期には定型的な催眠をやっていたとアメリカの臨床催眠学会の人たちが言うじゃないですか。いくらそう言われたって僕的には、嫌だ、信じたくない、見たくない、聞きたくないの世界ですから（笑）。

森　（笑）

中島　ああいうのは全然ダメだと思うんですよね。晩年になる前の、論文に出てくるエリクソンが一生懸命定型的な催眠もやって見せていたのは、すごくさっきの実験オタクの面が強いと思うんです。

森　そうそう、そうそう。

中島　先生が訳されたクリスタルボールの論文あるじゃないですか。あれでも四時間くらい催眠やっている。だから定型的に実験してみなきゃみたいなところがすごくあったんだと思います。だからエネルギーが続いていた頃はそれで良かったけれど、そんなことじゃないということは実際言っていますからね。典型的なことをやっている当時から、トランスと催眠誘導は別物だという言い方をしています。でも体が弱ってからは実験する気力がないので、じゃあストレートに臨床だけやりましょうみたいな感じになった。そうなるとほとんどそういう典型催眠的な要素はなくなっています。だからそこだけを取り出して、みんながトランスということを考えると、そんな難しく考えなくてもできるんだと思いますね。

トランスと催眠

森　中島先生は催眠自体は親和的なんですよね。催眠とかトランスというものについて。

中島　トランスには親和的です。
森　催眠には親和的ではないんだ。
中島　従来の催眠というのには。
森　違和感ある。
中島　違和感ありますね。だから僕が催眠療法とかトランスと言うときには、自分の話をしていくうちに結局相手が軽いトランスになって、というのを指してます。まあエリクソンがやるみたいに入口も出口もはっきりしていなくて。僕の臨床って僕が一方的にしゃべりまくっていますから。特に新患なんか、一方的にずーっと延々三〇分くらいしゃべっているんです。
森　（笑）
中島　そのときには相手は多分トランスだなというくらいの感じなんですね。それでなんとなくバカらしい気がしてきましたとか、なんとなく安心したのでもう大丈夫だと思いますとか、言って帰られる方がかなり多いです。周りのみんなは悩み言う人に僕がわざといやがらせをしているんだとか思ってるみたいですけれど（笑）。そうじゃなくて、僕の一方的な話を聞いているうちに相手がトランスになっていく。トランスになると便利なんです。相手が話の中から勝手に必要なことだけ抜き出して、自分のいいように解釈して、自分のいいようにジャストサイズにして持って帰ってくれる。実際何を話してもいいんですよね。そういう部分がエリクソンは強かったのかなと思います。僕はそういうトランスは大好きなんですが、定型の暗示をかけてみたいなのはあまり好きではないですね。それじゃないと安心できないセラピストたちも実際いるのも確かですが。僕みたいにやると催眠やった気がしないという人が多数いらっしゃる。
森　催眠やりたい人っているよね。催眠好きな人はほんと好きだよね。

中島　たいていは勘違いの人なんですけれどね。
森　何がそんなに面白いものなか、私はわからないんだけれどさ。
中島　コントロール性ですかね。
――　支配欲求みたいなのがあるんですか。
中島　ありますね。そういう方たち多いですよ。何と言うか、自分の意のままに相手が反応するところがたまんないというところがあるんでしょうね。それと普通はうまくコミュニケーションとれないけれど、催眠の世界では非常によくコミュニケーションが取れるんだと思っている方は多いですよね。
森　なるほど。
中島　これが本来の自分なんだみたいに。おそらくそれはフロイトの時代から変わっていないと思いますね。このコミュニケーションがリアル・コミュニケーションなんだというようなもの。催眠やっている人たちって、晩年のエリクソンはエリクソンではなくて、中盤のエリクソンくらいが本当のエリクソンなんだっていう、変な言い方するんですよ。
森　そう。
中島　晩年のエリクソンはエリクソンじゃないって。彼の最初の頃の弟子も。そんな風に催眠好きな人たちっていうのはあくまでも型にこだわりますよね。

森＝催眠

森　森＝催眠というイメージは世の中にはないよね。

――でも『ミルトン・エリクソン入門』を訳したのが森先生だから。

森　でもあれ催眠の本じゃない。

――催眠の本じゃないですけれど、あの当時エリクソンの翻訳って二、三冊しかなかったんじゃないですか。門前先生のと宮田先生の本とあとひとつくらい。前は森＝催眠というイメージがあったように思いますが。エリクソンの本を訳しておいて、催眠をしないってのはないかな、と。

森　昔は催眠のイメージあったけれど今はないよね。嫌なんですよ、森＝催眠というイメージでとらえられるのが。

中島　今はないと思いますね。でも先の東先生との心理教育の話をお聞きしてても、ある意味東先生とか完全にどっぷりとつかっていましたよね。あれはトランスと言えばトランスなんですよね。

森　そうなんだよね。

中島　あれは聞いている方が勝手にトランスになる。だけどあれを字にして、例えばお手紙療法にして先生の解離の話、アイスクリーム食べている自分がとか、何している自分がとかずーっと書いてお手紙にして患者さんが読んだとしても、ぜんぜん入んないと思いますよ。あれはなんか、あれでずっと話を聞いていて興味があったのは、うわっ、解離の患者さんってこれをどんなふうに取るんだろうと。解離もいろいろなので、多分十人十色だとは思うんですが、いや、あれでアイスクリーム食べる人けっこういるだろうとか。今度はアイスクリーム食べながら患者さんは何を考えるのだろうかとか。何を見聞きするんだろうかとか。どんなアイスたべるんだろうかとか。ハーゲンダッツなのかブルーシールなのか、ガリガリくんなのか。やっぱりあれでハーゲンダッツを食べても、ガリガリくんを食べても、エリクソンのやり方ってのは、おそらくそれでよくなっちゃうと思うんです。

自分の世迷言を普段は聞かせる立場なので、先生の世迷言――ではなく心理教育ですが、心理教育の話を聞きながらみんなこうやって、なんなんだろう、なんなんだろうって思いつつ、いろんなこと頭で考えているんだろうなって思うんですね。東先生の後で聞いてみたいですね。あの時何考えていたのか。忘れたみたいな感じになると思いますが。あきらかに首ふってましたからね。ああ、はまってるって思ってました（笑）。

――僕は本にするために森先生の話をずっと聞いていて思ったんですが、単に読むだけだと伝わらないところが多い感じがするんです。だけどその場で話を伺っているときにはすごくわかったつもりになるんです。多分森先生の臨床で一番治す要素というのか、説得される要素は、パフォーマンスじゃないかなと感じています。

森　語り口とか仕草とか、間とか、そういうことね。

中島　そうなんですね。森先生がパフォーマーとしてお話しされているのを聞いていて感じたのは、先生は観客を百パーセント信用されていますよね。なんというか、こいつは自分の話をどう聞くんだろうみたいな見方をしないので、もう懐に入っているという言い方がすごくパチンと当てはまる。それは絶対エリクソンとの共通点ですよね。エリクソンも自分の話を聞いている相手を信じて疑わないですからね。先生も多分考えていないですよね。心理教育と言われるぐらいだから。この話を聞いて相手がどう反応するだろうとか、ああだろう、こうだろうとか。

森　信じていることは一つだけある。「よくなる」ということ。

中島　よくなるということですよね。

森　よくなり方は知らん（笑）。

中島　全くその通りです。僕も世迷言を言っているとき、全くそうです。僕の話は絶対ためになる、それは間違いはない。しかし、ためになり方は人によって違うって。

――セラピーのときの話に、意図やビジョンみたいなものって、どのくらいあるものですか？

森　私がしゃべるときに意図のない言葉は一つもない。内容はもちろんのこと、タイミング、あるいは何回くらい触れるかも含めて、私の場合はすべて意図してる。その意図の百パーセントとは言わないけれど、かなりの部分を自分で意識している。そこが黒沢先生や中島先生とだいぶ違うところ。黒沢先生や中島先生は意図という形であまり考えてはやってらっしゃらない。私の場合、意図としてちゃんとあるんだよね。

中島　僕には体験しかないので、さっき話したへんな体験でエリクソンがリファレンスして入ってきて、じゃあやっていることは似ているだろうという大雑把なやり方なんですけれど、でも先生は詳細に意図をもって全部構築して話してというのは並大抵の努力ではないですよね。

森　そうね。だから十年トレーニングした。芝居を十年やった。

中島　そうか。

森　その間、全部で少なくとも年二回、二十回くらいは公演をやっているでしょう。そのうち半分はシナリオを自分で書いているからさ。

中島　書く方も、やる方もですよね。

森　そうそう、そうそう。なのでそこのトレーニング量というのはちょい半端じゃないぞ。ほぼ十年間、他のことは何もせずにと言っていいくらいのレベルでやっているからさ。一公演打つとものすごいエネルギーだよ。

中島　お芝居とエリクソンは先生の中で、今までずっと、とってもとってもそれが中心だったわけですね。

森　そう。

中島　それをずっとトレーニングしてきた。だから心理教育の話もすごいトレーニングの結果なんですよね。もったいぶらせ方とか、びっくりしました。以前みたことですが、スティーブン・ランクトン（編集部注＝米国のソーシャルワーカーでエリクソンの弟子の一人。フェニックス・エリクソニアンセラピー研究所の創立者）がエリクソンの物真似をするんですよ。自分が最初に車でアリゾナのサボテンがあるところからフェニックスまで車で運転して行ったときに、あなたの最初みたのは何なのか、サボテンだろうと、あのサボテンの名前はなんだったのか、こうだったのか、こうだったのか、こうだとしたらこうだったかもしれないけれど、今回こうだったんだろうと、こうかもしれないけれど、こうかもしれないって、エリクソンの物真似としてやるんですけれど、それに先生のお話が似てて、でも先生のは努力の結果なんですよね。やっぱりすごい。

森　意図しているところが多くの他のセラピストと多分違うところかな。特にブリーフ系の人は、反射神経でやる人がほとんどだから。私みたいに構成するタイプは少ないよね。

中島　そうですね、反射神経ですね。吉川悟さんといえどもかなり反射神経の部分ありますよね。

森　そうだね。

――たとえば、この話は相手がちゃんとわかるまで繰り返そうみたいなことを意図するとするじゃないですか、そうすると相手の反応がちょっと違っていた、まだ弱かった場合ってシナリオを変えるんですか。それともプランＢみたいに二つ目も作っているんですか。

森　まず理解してもらうために繰り返すことはないのね。繰り返すのはそれこそ無意識にいれるために繰り返すのね。だから理解はされないの。もうそんなもんだ的な雰囲気、議論の余地なしレベルまでもっていくために繰り返すわけね。だからそういう雰囲気ができるまでやるよ。理解させたいときは一発で決めるかな。これはこうだよねって。

中島　ああ、そうですね。そこは意外とエリクソンを勉強している人でもわかっていない部分だと思いますね。エリクソン的なことをやろうとしている人は日本にもたくさんいるとは思うんですが、そこが一番わかっていない部分です。やっぱり理解させようとしていますものね。理解させよう、説得しようという要素がすごく強くて、暗示文なんかを一生懸命書いて散りばめ技法とかってやっている。これをつなげて理解できるみたいな言い方してます。

森　そんな言い方している人いるの？

中島　います、います。いっぱいいますよ。ＮＬＰなんか言いますからね。ダブル・ミーニングですよ。無意識にいれるのではなく、裏の意図が伝わるんだみたいな、そういう言い方ですよね。それだけじゃないでしょうね。ただ単に無意識が機械的に増えるだけですよね。

――　森先生は前もおっしゃっていましたが催眠は普段のセラピーでやることはないと。あることはあるんですか？

森　今まで多分五回。

――　それはどうしてやろうと思ったのですか。

森　それは頼まれたから。だいたいは断るんだけれどさ、まあその五回のうち一回はちょっとやってみようかなという気になったというのがある。かなり病歴の長い強迫症の方で、アスベスト恐怖だったかな。それまでずっとＣＢＴを受けてきて、ぜんぜんよくならなくってこっちに来たんで、とりあえずは違うことを試してみるかということで催眠をやってみるみたいな流れでやったのが一ケース。あとは全部やってと頼まれたから。えっ、やるの？　みたいな感じかな。それ以外、私はやらない。催眠って恥ずかしいのよ、私。

恥ずかしさって理由ないじゃん。恥ずかしいものは恥ずかしいので。

中島　一般の催眠はアートじゃなくなりますもんね。そこにアートはなくなりますよね。語り手が発する情報をいかに正確に受け手が受け取るかという世界なので、あれはアートにはなり得ない。演劇だったらパフォーマンスをしてそれを観る観客がいて、観る側が評論をして、そこでアートが生まれますよね。

トランスは大事じゃん

森　催眠は恥ずかしいんだけど、トランスはすごく大事じゃん。エリクソンは催眠、トランスを使った治療を多く行ったというところの理解もできるんだよ。そこはすごく大事な部分だというのはある。

中島　そうなんですよ。すごく催眠とかトランスといったときに思うんですが、今でも研修とかでトランスの中ではすごく自由になっていろんな発想がでるし、自分の好き嫌いがはっきり出るんだよというような話をすると、たいていの人は、「はあ？」ですよね。そんなこと聞くために研修に参加したんじゃないんだけれどって。要するにきちんと暗示をいれるのが催眠なんじゃないですかって、きちんと言うことを聞かせることじゃないですかっていうんですよ。いや、それは難しいでしょうと。だからそれはトランスを使ってやっていたら受け手の自由度というのは最大限広がるから、相手が何を考えるかわかりませんよ、みたいなことを言うと、従来の催眠好きの流れで来ている人たちは「えっ？」てなる。多分先生のおっしゃるトランスや、エリクソンの言うトランスって、僕の言っているトランスっていうことじゃないですか。相手がいろんな反応を示してくれて、最終的にどんな評論を書いてくれるかですよね。相手の意識の中でいろんな面白い評論を書いてくれるので、そうしてくれるとそれをみて、「ああ、そんなふうに受けとったの、

森　面白いね」みたいな感じで、すごくいい関係ができるので、いいかなと思うんですけれど。トランスというのはすごく大事なものだよね。トランス体験は自分の子ども時代からいろんな体験の中であって、今でもいくつか覚えている。でも何回もあるわけじゃない。私の場合幸いだったのは、自分がトランスに入ったときのパフォーマンスがすごく良かったんだよね。何やっているときでも。けっこう小さいときから、これも意図的にトランスに入るためのさまざまな工夫というのをしていた。学校生活で大事な場面っていろいろあるじゃん。私の場合ピアノやっていたから発表会だってあるわけ。きちんとパフォーマンスをして、結果を残さないといけない場面の中でトランス的な状態をつくるということを割と小学校の頃から意図的にやってた。私の場合、それの集大成が東大受験なんだよ。だからトランスで受験して受かったんだよ（笑）。

中島　良かったですね。

森　自動書記だからね。完全に手が勝手に動く。答えはここ、はい、これって感じで、自分で感心したもの。そういう状態をつくるのに一年かけてやっているよ。だってプログラムしたもの。

中島　そうなんですね。受験のときには多分トランスに近い状態になったと思うんですけれど、ただやっぱり降りてくるもんですね（笑）。窮地に追い込んで。

森　ああ、ああ。

中島　降りてくるものだと思います。なので、それをつくるというのはすごいですね。

森　大学入って芝居やるようになってから、そのへんの作業が余計に緻密になっていったかな。やはりそこがきちんとその状態をつくれるかどうかで、舞台の出来が全然違うのね。まあ、そんなには成功しないよ、何回かに一回くらいよ。毎回成功していたら私は大俳優になってた。でもその瞬間というのは自分にとってすごく貴重な体験だよね。私は演劇を十年やっていたけれども、芝居を好きだとは思うけれど、別に面白かったわけではない。大変だし、意味ないし（笑）。他のこと絶対やってるべきだよね。

中島　そういうもんですか。芝居のこと全然わからないですから。

森　芝居自体をもちろん全部否定するわけではないけれど、別に私がやらなくたっていいでしょう。それは絶対間違いないよね（笑）。私がやんなきゃいけない意味はない。しかもこんなに労力をかけて。でも、やっていたんだよね。だから不思議な感覚だったよね。好きでやっているんじゃない。でも一つはトランス的な特殊な自分の状況を体験するということが、多分自分にとってかけがえのない体験だったと思うのよ。初舞台のとき、トランスに入って、それが大きく私の人生を変えたわけ。だからけっこう人生にその辺が影響を与えるというのを体験しているわけね。それは自分にとってすごく大きい。そして人が変わる時って、やっぱりあのトランス的なあの独特の雰囲気、あの間合いがあるよね。それって瞬間じゃん。

中島　そうですね、瞬間ですよね。

森　心理療法の世界に入って、俺のやることはクライエントさんにあの瞬間をつくってあげることだと、それが俺の仕事だろうと思ったんだよね。ブリーフで私と患者さんとの関わりの中で多分あの瞬間つくれなかったとしたら、少なくともその患者さんは私との間で治ることはない。

中島　もうほんとにそうですよね、瞬間ですよね。これはみんな言ってないですよね。フォーカシングとかでも。催眠でトランスをつくりますよという話のとき、みんなトランスはずっと続いていると思っているんですよね。じゃなくて本当に有効な、治療的なトランスっていうのは、ほんの一瞬ですよね。ほんの何秒、何分ですよね。秒殺ってよく言いますが、何秒単位のものでその瞬間に何かメッセージなり、何なりがスッと入るかどうかというところがすごく大事ですよね。それはクライエント自身がポンと開く。そのときに今何か入ったなと、多分構築するとそこにポンと入るんでしょうけれど、開いたというときに臨床やっているときは、同調して僕も何か言ってる。それが入っているという感じになると思うんですよね。森先生が催眠が嫌いだというわけもわかってきました。やっぱり人からトランスに入れられるとか、人からトランスつくられるっていうのが嫌ですよね。

森　つくろうとしているのがもっと嫌（笑）。

中島　トランスというのは、クライエントの意識が、生体の反応としてすっと出てくるもの。それをつくろうという意識があるのは間違い。芝居のトランスで、舞台脇にメンタルトレーナーがいて、じゃあ森くんやってみようかみたいな感じでトランスにかけられたら台無しですよね。

森　アスリートだったら、それもやらなきゃいけないけれどさ。

中島　でもエリクソンはすべての催眠は自己催眠だからって言っていますよね。そうなんですよね。エリクソンがスッて入る人ってやっぱり何でも自分でやらないと気がすまない人っていうのが条件かもしれないですね。人から教えてもらおうなんて考えないですよね（笑）。指示して教えてもらってという場合は、エリクソン的なリファレンスというのはやっぱり入らないんでしょうね。東先生との話もそうでしたが、技術を教えたら二番煎じしかできないと仰ってましたが、確かになと思います。僕も何でも徹頭徹尾自分独自でやらないと嫌ですものね。趣味にまでそれは影響していますもの。ゴルフなんかも自分でへんてこなアメリカの怪しい人の教科書を買ってきて未だに独学でやっています。全然上手くならないですけれど。

森　（笑）

神田橋條治先生

中島　先生に一度お聞きしたいと思ったのは、神田橋條治先生みたいなやり方を先生はどんなふうに感じていますか？　ある意味、日本で最も成功しているというか、最も受け入れられているセラピストですよね。だけど皆さんからは神田橋先生の真似できないって思われているじゃないですか。どうなんでしょうね。

森　いや、もちろん好きですよ。尊敬していると言ってもいいとは思うけれど、別に支持しているわけではない。神田橋さんから教わったから知ったことというのは、私の場合あまり数としてはないような……ちゃんと本を全部読んでないからというものもあるけれど（笑）。全部読めばいっぱいあるんだろうと思うけれどさ。たくさん書いて出していらっしゃるからね。読んだ数は少ないけれど、引用することは多いよね。それは対外的な影響を及ぼすことも含めて、あの神田橋さんが言ってた、という形で引用すると、他の人との引用とはだいぶインパクトが違う。そういう意味で使わせていただいている、という感覚は一番あるかな。面白がってはいる。

中島　僕は、一度神田橋先生のとこで臨床の陪席したことがあって、感覚的にはエリクソンとは違った意味でまたしっくりくる感じがあったんですよね。これはなんなんだろうってずっと思っていて、やっぱり同じように感じるし、同じように見えるし、さきほど先生が言われたようにドーパミンとか見えるんだよって。そして私じゃなくても見えるからという話をされたんです。ただ神田橋先生とエリクソンとはだいぶ違うとは思うんですけれど、共通点ってあるんですかね。

森　好奇心と実験欲みたいなのは共通しているよね。

中島　実験欲はすごいですよね。なんでも体験ですからね。
森　あとはいちいち人のことは疑ってかかるというところ、絶対鵜呑みにはしないところも似ていますよね。
中島　先生が人から影響を受けるときってどんなときなんですか。
森　私が人から影響を受けるとき？　人から影響を受ける……。……まあ、こんな感じで答えに窮する感じ。なんなんだろうね。誰かから大きな影響を受けるってことは、エリクソンだって書物上のエリクソンしか知らないわけだから。影響はメッチャ受けているけれど、直接の影響ではないからね。私が生きている人から直接の大きな影響を受けた人って誰だろう。
黒沢　宮内先生じゃないんですか。
森　そう、宮内先生は影響受けったって言っていいと思う。
中島　宮内先生？
黒沢　宮内勝。生活臨床の。
中島　ああ、前いただいたですよね、生活臨床の本の。
森　宮内先生とあとはだれだろうね。神田橋先生は入るのかな、多分入らないよね。
中島　入らないんですね。黒沢先生は？
森　黒沢先生はもちろん入るさ。
中島　影響を受けている？
森　うん。あとはどうだろうね。うちの奥さん？　全然領域は違うけれど。
中島　それは影響受けますよね。めちゃめちゃ受けますよね。それは受けざるを得ないという感じですよね。それは具体的にどのへん影響の受けているんですか。

森　カミさんにはある意味全てっちゃ全て、影響受けているよね。生活を若い頃から一緒にいて毎日生活をやっていて、芝居を一緒につくっていて、だから世界観から価値観とか、何がステキで何がダメかとか、そういう嗜好性から多くの部分をお互いに影響しあっているよね。

中島　僕は多婚者なんです。今まで三回結婚してますから。三人とも影響を受けてますよね。妻からの影響というのは絶大ですよね。子どもからの影響も大きいです。息子がいるんですが、さっきの催眠の話ではないですが、すごく考えさせられるときがあった。後倒法っていう催眠の技法があるじゃないですか。あれを息子に教えたら面白がって宴会のときに親戚を片っ端から倒しちゃった。これは血なのかと思ったんですね。催眠ができるってことは血筋なのか、でもそう考えたらかなり悲しいなと。それは嫌ですね。自分の遺伝子の得意としていることが規定されていたというのは、運動神経と同じように催眠神経もあったりするのって。森先生もお子さんいるから、セラピーが上手だったりして。単純にこの子が努力したからとは思えないじゃないですか。ひょっとして血っていったら、私の努力はなんだったのみたいな（笑）。

黒沢　娘が最近言いますね。彼氏であっても友だちであっても、けっこう自分でいい関わりできているんだなというセリフを振り返ると、お母さんと同じこと言っているとわかって、ぞっとするって。私のセラピー場面って見せてませんけど。それとも私、高校生が言いそうなこと言ってんのかなって（笑）。

中島　それは深い問題だと思うんです。そういうものは遺伝なのか、血筋なのか、なんとなくどうでもいい話なのかもしれないですが、先ほどのリファレンスの話もそうですが、なんなんだろうなという気はするんですね。だからふと頭に思い浮かんだのが神田橋先生のことを先生はどうとらえているのかなと。ある意味、日本人の特性というのをすごくよくとらえていますよね。エリクソンはアメリカ人の特性を無茶苦茶とらえていますよね。お話のディテールがすごくて、エリクソンの話だけでアメリカの田舎町のフェニックスの絵が描けるような感じですよね。だからああいうのはすごくいいなと思います。エリクソニアンって言うと、ともすれば日本人離れしているとか、そんな見方をされるときありますよね。

森　エリクソンとは関係なく、私って本当に日本人なんだろうかとよく考えることはある（笑）。

中島　外れていますよ。

森　なんか違う気がする。

中島　エイリアン感覚ってずっとあったので、でも神田橋先生とかエリクソンはすごくドメスティックなんですよね。

森　うん。

中島　神田橋先生なんか、言っちゃ悪いですが、メッチャ日本人ですよね。病院もリアル・ジャパニーズ精神科ですよね。今僕が勤めているみたいな救急だなんだと言ってるみたいな世知辛い現代的な精神科にいる身からすれば、はあ、と脱力するようなほっとするような感覚です。神田橋先生のところに行って一番覚えているのが、病院の院長先生の朝の訓話です。公衆電話から病院に電話をかけたら誰もとらなかった、それで携帯電話に公衆電話から電話をかけたら十円玉が足りないくらいにどんどん飛んでいくねと。神田橋先生の病院だからすごい話にもっていくのかなと思ってたら、院内から患者さんの携帯電話には電話をかけないようにって（笑）。それってやはりジャパニーズじゃないですか。でもあれがお好きというか、それは僕らが持ち合わせていないような、エリクソンや神田橋先生にあって僕や森先生にはないところかなと思ったりするんですよね。僕たちはちょっと日本に馴染めてない、違和感がある。先生だったらちょっと間違ったら大俳優とか、僕だったらちょっと間違ったら大セラピストとか、いや、ちょっとなりきれないな～って感じですよね。でも黒沢先生も大セラピスト、森先生も大セラピストですものね。

黒沢　どうしたんですか、急に。
中島　今日はなんやかんやと考えているんです。すごい真面目な話をしたので（笑）。

今後のこと

――森先生から最後に何かありますか。
森　中島先生は今後の方向性みたいなのあるの。今のこの感じのままとか。どういう感じで考えていらっしゃるの。もう一段ロケットあるの？
中島　毎年、福岡でワークショップするときはいつも新作なんです。だから常に違うことをしたがっているのは、自分でもわかるんですよ。それがご飯食べるのと同じことで、日常の一部と化している。だから自分のことを今まであんまりまとめる作業もしてこなかった。なので少しはまとめたりしてみようかなと思っています。
あとは、病院の中で本格的にサイコセラピーをやっているのは新患だけなんです。サイコセラピーするのは新患の人の6割くらい。もちろん発達障害もみてますから検査の人が山ほど来ます。そういう人を除いて純粋にサイコセラピーする人の6割7割は来なくてよくなっちゃうんですよね。これは昔から変わらない部分で、だからそれ以外に、再来は死ぬほど多くて1日60人くらいみているので、その中でものの数分でやってることが面白い形になって行くのかなとも思っています。あと、自分の中であった、さっきも話に出たんですが、診断の問題ですよね。診断というよりも見立ての部分というのはどうなんだろうと。さっきも言いましたが占い師みたいになればいいなと本当に思っているんですよね。街の占い師みたいにぱっと聞いて、こういうふうだよと見立てを伝えてあげて、それだけで患者さんがもう満足して帰ってくれたら、それでいいかなというのがあるんですよね。なので、ひょっとするとそんな方向も考えるかな。

ただ先ほど話があったときに、例えば心理というのを考えたときに、心理の方は意外にまじめに勉強して臨床心理士を受けたんです。受験者ですから（笑）。ある意味考えたら、心理の「心」が審判の「審」の審理をやっている感覚がすごくあるんですよね。心理、心理って何やっているかというと、多分東先生が言われてたことだと思うんですが、自分が敵わんなと思うことはやらんみたいな。やれると思ったことはやるというのに近いものがあって、そのときそのときにどう判断したり、どんな言葉を伝えるか、自分はオートマティックに山みたいにいろんなことが出てくるので、オートマティックにそういう「審理」をしているみたいな感覚になるんですよね。そのことは割と占いと通じるものがあって、最近すごく大真面目に考えていて、多分その審理のもとになっているのは統計だと思うんですよね。統計というのは数字的な統計ではなくて、こうやったらうまくいきました、これやったらうまくいきませんでしたという、そういうものがずっと積み重なっていっているものがバックボーンになっている。裁判の判例なんかと同じ。こういう場合はこう、こういう場合はこうと、ずっと積み重なっていく資源を考えてみたときに、じゃあ今の認知行動療法だとか、心理療法なんかの積み重なってきているものと占いがもってる情報量を考えると、これはかなわないなと、占いの方がすごいんじゃないかと思うわけです。じゃあどっちが統計的に審理に値するのかというときっと占いだろうけれど、だからといって自分が占いをするわけじゃないですけれど。占いは人にやってもらってとか、いろいろやっぱり考えてみるとなんやかやとやることはいろいろあるなということです。

なんか煙にまくような言い方ですが、もうちょっと平べったいことをしたいです。簡単なことをしたいです。なんか難しくしないでサラサラッとやれるようなこと。なんか複雑な方向には決していかないと思いますね。哲学的な方向に行ったりとか、ナラティヴ・セラピーのところにずっと走って難しい論文たくさん書いたりということはおそらくないと思います。あと何十年の間ではそういうことは全くないと思います。どんどんやることを簡単にしていって楽をしていきたいですよね。

森先生と東先生のお話を聞いていて思ったのが、年代の差かもしれませんがあまり教育というところに自分で重きを置いてないところがあるってことです。今後もあんまりたくさんやろうとは考えていない。情報発信はしようと思いますが、教育というところで何しようというのは全然ないですね。傍から見ると、弟子的に見える人たちが何人かいて、周りは僕から教育を受けている人たちだと見ていると思うんですが、彼らは何も習ってないと言いますよね。児島達美先生なんかもすごく近いんですよね。児島先生も何もやってなさそうなんですよね。

森　そうなの？

黒沢　弟子筋はそう言っている。

中島　ほっとくだけですよ。

森　教えるの好きそうじゃん。

中島　いや、飲むのが好きなだけなんですよ。だからすごいらしいですよ。カンファレンスとかも、そうだね～って終わるらしいですから（笑）。そういうところは僕も似たところがあるんです。エリクソンも人に熱心に教育という形で携わらなかったのには、なんとなく気持ちがわかるかなっていうのはあります。東先生みたいに不登校の子、八回のうちに絶対行かせてやるという執念はまったくないです。僕は個人的に教育を憎んでますから。学校に行かなかったらもういいじゃん。中学だったら義務教育だから行かなくても、進級できるよって。高校になったら学校嫌だったら替わろうとか、そういうことばかり言うからぜんぜん治療にならないんです（笑）

森　（笑）

中島　教育に関してはあんまりないんですが、あるとき教育をするぞってなったら怖いなと、自分では思っているところなんです。そういうことを考えています。

中島　央（なかしま・ひさし）　精神科医・臨床心理士。一九六五年熊本県人吉市生まれ。一九九七年 熊本大学大学院医学研究科卒。医学博士。熊本大学医学部助手、熊本県精神保健福祉センター所長を歴任後、現在は医療法人横田会向陽台病院副院長。ミルトン・エリクソンに影響を受けたサイコセラピーの実践・研究を専門とする。二〇一一年日本ブリーフサイコセラピー学会学会賞受賞。主な著書に『心理療法がうまくいくための工夫』（金剛出版、二〇〇九、共著）、『催眠トランス空間論と心理療法―セラピストの職人技を学ぶ』（遠見書房、二〇一七、共著）などがある。

中島（左）・黒沢（中）・森（右）　2015/1/30

第3章　ブリーフセラピーとの出会い

津川秀夫×森　俊夫×黒沢幸子

スタートは森

森　若手・中堅からは西川くん（編集部注＝公平、第2巻所収）と津川先生お二人に代表してもらって。

津川　光栄というか、恐縮してしまいます。

森　他の人たちとは違う新鮮な二人なので（笑）、ぜひ若い声を聞かせてください。西川さんは後日やけど、今日は津川先生、よろしくお願いいたします。

津川　はい。今回のお話をいただいて、森先生からどのような影響を受けたのか、いろいろ思い返していました。お会いしたのが一九九二年です。森先生がまとめ役をされていたブリーフの東京大会に参加したのがブリーフセラピーとの出会いです。当時、私は青山学院大学の大学院生で、ブリーフサイコセラピー学会は研究会という名称でした。とてもユニークな大会で、大きな衝撃を受けました。大学で学んでいることと何一つ重ならないことがそこで展開されていて、それがまた面白かったんですね。そして登壇される先生方が個性的で、みんな若くて元気いいんです。こんな面白いアプローチがあるんだって、一人ひとりがその魅力を熱く語っていました。また企画も秀逸でしたね。一つのケースについて、例えばシステムならこうする、ソリューションならこうやる、家族療法ならこうするというふうにいろいろ介入法を考えてくるという企画がありました。うわ～っ、面白いことやるなというところから引き込まれていったのが最初ですね。そして森先生も、なんて頭のいい方なんだろという印象でしたね。

黒沢　えっ！　ヘンなヤツだと思わなかった？（笑）

津川　才能が服着て歩いている感じでしたよ。

黒沢　また長生きしちゃうんじゃない。

津川　どうぞ長生きしてください。森先生はね、キラキラ輝いていたんです。他の先生方も自分の臨床に自信をもっていて、しかもそれを楽しそうに語っていました。そういう姿が格好よかったですね。いい時期にご一緒させていただいたと思っています。ブリーフの学会もそうですが、エリクソン・クラブで森先生が海外の講師を招聘していた時期でしたので、その恩恵を受けることができました。私は、森先生から親しく指導を受けたりスーパービジョンを受けたりしたことはありません。けれども、学びの場を与えていただきました。そういうことは感謝してもしきれません。

黒沢　そもそも、なんでその東京大会に行ったんですか？

津川　それはもう単純に大会案内のチラシが来たからという（笑）。

森　柴田出先生のところに、その頃も行っていた？

津川　はい。そうですね。

黒沢　その関係で？

津川　違います。柴田クリニックの関係ではなくて、大学院の方に東京大会のチラシが来たからです。当時は情報に飢えていましたから、ブリーフのなんたるか何もわからずに行ったわけです。柴田先生のところで学んでいる精神分析とももまるきっきり違うし、大学院で長谷川浩一先生という成瀬悟策先生の弟子にあたる方から、自律訓練や伝統的な催眠を学んでいたんですが、そういうものとも全く違っていて、とにかく興味を惹かれました。

エリクソンを学ぶ

森　柴田先生からエリクソンの話って聞いていた？

津川　聞いていました。

森　ブリーフに入る前から？

津川　はい、入会する前から少し聞いていたと思いますが、具体的なところはよくわかっていませんでした。柴田先生は生前のエリクソンと交流のあった方です。クリニックには、エリクソンが柴田先生に送ってきた論文の別刷がいくつもありました。ポリオの後遺症なのでしょうね。震えるような独特の筆跡を見る機会がありました。

森　柴田先生は、エリクソンのことを何とおっしゃっていたの。

津川　柴田先生が積極的にエリクソンの話をされるということはありませんでした。私がエリクソンに関心をもっていたので、エリクソンとのエピソードを話してくれたという程度です。エリクソンのご家族のことか、奥様のエリザベス・エリクソンの話とか、こけしをプレゼントしたこととか、そういうことをお話してくださいました。

森　エリクソンの臨床については、あまりコメントしなかったんだ。

津川　そうですね。柴田先生は精神分析の視点で世の中を眺めている方です。ただ、催眠誘導に関しては、いわゆる伝統的なやり方ではなくて、エリクソンから影響を受けたと思われるところはありました。誘導の仕方も次々と工夫されて、どんどん変わっていく。そのへんはエリクソンや、エリクソンの文献からの影響もあると思います。

森　それが一番最初で、一九九二年？

津川　はい、その頃は、森先生がオハンロン先生とか、ザイク先生やギアリー先生を招いている時期でした。でも、ワークショップで学んだことと、治療場面がなかなか結びつかなくて困っていました。エリクソンの臨床や催眠はたしかに面白いけれど、自分が関わっている摂食障害やリストカットのケースに対してどう使えばよいかよくわかりませんでした。それで、一九九四年にミルトン・H・エリクソン財団に行ったわけです。以来、エリクソン財団の先生方とお付き合いがありますけれど、その辺りは森先生につくっていただいた縁だと思います。

森　エリクソン財団には世界各国から来ているんでしょう。

津川　そうですね。

森　一週間コース、一グループに何人ぐらいでやっているの？

津川　私はファンダメンタル（基礎コース）とインターミディエイト（中級コース）の両方に出たので二週間

森　滞在しました。三、四十人くらいでした。インターミディエイトのほうは若干少なかったかな。

津川　講師はザイク先生とギアリー先生の二人でやっているの？

森　ギアリー先生が中心でザイク先生がところどころ担当していました。あとは地元のエリクソニアンの先生が講師をされることもありましたね、例えば子ども対応はこうするよと。児童臨床を中心にされている方がいらっしゃいました。

津川　財団みていると、中心の二人があんな感じだし、スタッフの数もすごい少ないじゃん。

森　少ないですね。

津川　それであれだけの規模のことをやる。そこがすごいなと、最初からその部分を感心していたよね。どうやったらあんなに少人数で、あれだけの規模のことができるのか。いまいちわからないけれど。

森　そうですよね。

津川　財団はチームみたいな感じなの？

森　うーん、そういう感じはしませんね。むしろチームって感じがするのは、エリクソン財団が各国に認定している研究所のほうだと思います。規定の人数のエリクソニアンが集まると研究所をつくれるのですが、そこの人たちをみると、ああ、チームだなという感じがしますね。どちらかというと財団は個人プレイですよね。

津川　個人プレイ（笑）。そういうのを見てたから、第二回の東京大会も東大の五人で全部やった。

森　あの大会を五人で。すごいですね。

津川　うち一人は菊池安希子（編集部注＝本書４章にも登場。心理職として臨床を行いながら、その類稀な語学力で翻訳や心理系の講演・研修の同時通訳としても活躍）で、菊池は完全に「外タレ」対応だから、基本四人だよな。

森　菊池さんはじめ、皆さんスペックが桁違いだから（笑）。

森　もちろん受付のときは人数がいるから、それはその時だけ、うちの奥さんが俺に呼び出された的な感じで、みんな身内とか知り合い集めたんだよね。そういうのができたのも、財団のあの運営の仕方みているから、できるんだって思って。

津川　森先生が財団に行かれたのっていつでしたっけ。

森　九〇年。

津川　じゃあ、あの東京大会のちょっと前ですね。それは財団を訪問した感じ？

森　訪問。遊びに行った。セミナーに出たとか、そういうのではない。ただほんとに夏休みに旅行に。八月にね。

津川　なるほど。

森　ギアリーさんが、なんかスポーツカーか、オープンカーで迎えに来てくれた（笑）。

黒沢　津川先生は財団でワークショップを受けて、どんなインパクトを受けたんですか？

津川　財団には豊富な映像資料があるんですよ。エリクソンはもちろん、お弟子さんのビデオもいっぱい。そういう資料をいろいろ見せていただいたことが大きかったですね。こういうテクニックを覚えてきましたということじゃなくて、いろんな方のスタイルを見ることができたのが収穫でしたね。

黒沢　うん。

津川　それから、それまではザイク先生やギアリー先生の舞台の上にいる姿を見てきたんですけれど、もうちょっと身近なところで先生方の人柄に触れることができたのもよかったと思います。講義のとき、日常生活のとき、セラピーのとき、こういういろいろな断片がフェニックスに行って繋がった感じですね。

黒沢　やはりお人柄を知ると、やってらっしゃるテクニックとかの理解が変わってくる感じなんですか。

津川　そうですね。ギアリー先生はあまりショックを与えたり、トリッキーなことをしたりするのは好きではありません。とても実直で真面目な方です。ザイク先生はやはり、エリクソンそのままを自分が体現されたいところがありますから、人の枠組みをゆさぶったり、それからちょっと変わった振る舞いをしたりというようなところはありますね。

黒沢　いろいろありなのね～みたいな。

津川　そうですね。だからエリクソンを学ぶ人がみんなミルトンみたいにしなくちゃいけないということではなくて、その人なりでいいんだというのがわかりました。例えばロッシ先生なんて、エリクソンとあれだけ長く一緒にいたにもかかわらず、何一つ似ていないですから。

黒沢　なるほど。

津川　誘導の言葉遣い一つとっても、何から何まで全然似てないですよ。誘導だってお世辞にも上手とは言えない。ザイク先生の場合はやはり財団のトップとしてエリクソニアンとはこういうものだと、体現される必要があったかもしれないけれど、他の方々はかなり自由にされています。あの辺の自由さが私は好きですね。エリクソニアン・アプローチは、エリクソンという人の名前がついているので、私たちはどうしてもエリクソンという天才臨床家を引きずってしまって、それが重荷になってしまうこともあると思うんです。でも、そうではなく自分はこんなふうに受けとってやっているというところを出していけばいいのであって、ミルトンそのままをやる必要はないと、けっこう早い時期に開き直ることができたのは助かりましたね。それに森先生もとてもユニークだったし。ぜんぜんミルトン・エリクソンではない（笑）。

森流のアプローチとは

黒沢　ミルトン・エリクソンに限らず、誰でもない。
津川　森俊夫は、森俊夫ですね。
黒沢　真似したくてもできないけれど、真似したくもない（笑）。
津川　森先生の真似している方っているんですか？
森　知らない。
津川　ふ～ん。
森　聞いたことない。
黒沢　うん。できないし、また独特だからね。
津川　森先生は、森流のアプローチを忠実に受け継いでくれる人みたいなのは求めていないんですよね。
森　求めちゃいないね。見てみたいとは思うけれど（笑）。
津川　確かに興味ある。
森　森流ってどんなだろうって（笑）。
津川　二人以上いると、お腹にもたれるかも（笑）。
森　森流って何？　例えば私を真似したら、どう真似ることになるわけ。
津川　エリクソンを真似るのも同じですが、多くの人は端々を真似ますよね。
森　エリクソンだと、なんかわけのわからないこと、モゴモゴ言ってりゃいいかな、みたいな感じ。

黒沢　ここは、反論いれなくていいんですか（笑）。

津川　大先輩に「それは違います」とはさすがに言えないじゃないですか（笑）。たしかにミルトンの真似で一番わかりやすいのは、暗示や逸話を真似たり、声のトーンを真似たりするところかな。でも森先生を真似るとなると、どうなるんですかね。それちょっとわからない。でも、ある意味、私は森流を真似させていただいたのかもしれない。

森　どういうとこ？

津川　それはですね、あれはギアリー先生を招いて箱根で合宿したときでしたか。夜、いろんな先生の部屋に行って飲んだり、話を聞いたり、そういう交流がすごく楽しかったことを覚えています。ある晩、森先生の部屋に遊びに行きました。そのときいろいろお話いただいたのですが、先生が一番熱く語っておられたのが、演劇とセラピーは一緒なんだということです。とても熱く、そして長い時間語って下さった。ある場所で、俳優がいて、観ている人がいて、そこで出会ってある体験をして、そして別れて行く。津川くん、セラピーと一緒だろうと。それ聞きながら私は何を考えていたかというと、自分が長いこと打ち込んできた武術や武道のことでした。私はずっと武道をやってきたんです。世の中はバブルだといって派手な時代に、道場の中で木刀を振っていました。当時もそうですし、今も合気道の稽古をしています。森先生が演劇をやっているように、自分のリソースといわれたら、まずそこなんですね。武道の場合は、戦いという文脈なので、コミュニケーションの仕方が、投げたり、突いたり、蹴ったりという特殊なものですが、自分が稽古しているものは心理療法とまるっきり別なものではなくて、結びつけて考えていいんだと、たぶんそのときに気づいたんです。しばらくしてから、なぜかセラピーの腕が上がっていました。以前だったらできないようなことが自然にできている。どうしてできるようになったかということ、道場で稽古したことがセラピーに生きてきたからです。そうとしか考えられない。いったん結びつくと、いろいろなコツがセラピーに生かせるようになりました。師匠に叱られたり、先輩のをまねたり、自分なりに工夫したりして、散々長い時間を費やしてきたことは私のリソースです。そういうものがセラピーのほうに生きてきたわけですね。そのヒントは森先生にいただいた。そういう意味では森流です。

森　なるほどね。これはなかなかいい。そういう形で使ってくれている人というと、津川くんの他にいるのかな〜。あまりいないような気がするよね。

黒沢　森先生が発しているメッセージは自分のものを生かせというもの。

津川　そうですね。森先生は私に演劇の魅力をずっと語りながら、演劇やれとはいいませんものね。

黒沢　そうそう、そういう意味。常に自分のことを語れば語るほど、自分だったら何だろうと。先生だったら武道だというのに気付いて考えるのと同じように、演劇やっていないから私ダメなんだとかじゃなくて、自分にとって生かせる、自分のセラピーに生かせる、リンクして使える自分のものってなんなんだろうってことをすごく考えさせられる。森さんってあまりに自分のことを語られるから。

津川　森先生、ご自分大好きですから（笑）

黒沢　あなたはこうだよねって、絶対言ってくれないんですよ。自分はこうだということはおっしゃるけれど、でもそれを人が聞きたがるというのは、それを真似たくてではなくて、そんなに自分のことを言うなら、じゃあ自分はどうなんだろうって逆に思うんですよね。

津川　森先生のストーリーの中に、自分の人生を重ね合わせて聞きますよね。これはエリクソニアンの逸話の原理ですし、見事に体現されているのでしょう。

武道に関して言うと、私は勝ち負けにあまり関心がないんです。もちろん、強さという裏づけは必要ですよ。でも、ウエイトトレーニングをガシガシやって体力で制圧していくとか、若いときしかできなくて年取ったらダメになるとか、こういうものには興味ありません。その技術体系の中に受け継がれている身体の文化、「身体知」といったらいいのかな、そういうところに関心があります。そこには先人の知恵の蓄積があります。そういうものを体現している方は若い人の筋力とか瞬発力とかを簡単に凌駕してしまう。本当にすごいですよ。こういう先人の知恵を学べば学ぶほど、エリクソンと似ていると感じますし、エリクソンを学ぶ上でも武道のコツは生きています。ですから、私の研究室ではちょっと見込みのある学生には臨床トレーニングの一環として合気道も教えています。そういうトレーニングの中では、「症状の全面肯定」ということをよく言っていますね。これは最近特に強調していることですね。

森・黒沢　うん。

症状の全面肯定

津川　ブリーフセラピーやエリクソニアンには、魅力的な技法がたくさんあるから、患者さんの問題や訴えをテクニックでなんとかしてやろうとしてしまいがちです。ついどう動かしていくかというところに関心をもってしまうけれど、その前に「症状の全面肯定」が大切で、完璧な肯定ができるかどうかがポイントだ、という話をよくしています。

森　うん。

津川　合気道にたとえると、症状というのは、相手がこちらの手首をつかんだり、胸元をつかんだりしてきたようなものです。クライエントがこちらの手首を握ってくれたのですから、握った手は振りほどいたらいけません。

黒沢　なるほど。

津川　症状があるからセラピーを受けに来た。ということは、症状がセラピストとの接点ですね。だからその接点を大切にする。でも、症状によって困っているのも確かなことで、症状のせいでクライエントという役割を演じざるを得ない。だから、そこから解放させてあげる必要もある。合気道では握られた箇所があると、そこは大切に維持していきます。振りほどいたり、はねのけたりしない。そして握られたところじゃなくて、他のところを変えていきます。例えば体の向き、肩甲骨、肘、いろんなところを変えていくと、今度は握られていた手首の文脈が変わってしまいます。そうすると握れば握るほど、その人は崩れていってしまう。力を入れれば入れるほど崩れる。崩れるってことは、クライントという立場でいえば改善や変化ということです。症状にしがみつけばしがみつくほど、崩れていってクライエントという役割から解放される。そのへんを今かなり自分の中では意識しています。つまり、多くの場合は症状を動かそうとするけれど、そうではなくて、症状は全面肯定で、動かせるところを動かしましょうということです。

ちょっとした事例で説明しましょう。小学校一年生の女の子がお母さんと離れられないために学校の昇降口から上に行けないというケースがありました。その場合、その子を説得してお母さんと引き離すことは私の好みではありません。「お母さんと一緒にいたいよね。それなら離れなくていいから、そのままお母さんと一緒に上に行こう」って言いました。その学校の場合は空き教室がたくさんありましたから、お母さんと一緒に空き教室に行ってもらいました。引き離す必要は全然ないんです。離れたくないなら離れなくていいと全面的に認めて、空き教室でお母さんと過ごしてもらう。そうやっていても、休み時間になると、子どもたちが遊びに来て、そこで交流して、結局、教室に戻って行っちゃうんです。お母さんを置いてけぼりにしてね。こんなふうに相手がこだわっているところは完璧に認める。一緒にいていいからと。そして、動かせるところはどこかというと空間的な位置ですよね。昇降口にいる必要は全然なくて、教室に入ってしまえばいい。教室に入れないなら空き教室にいればいい。そうすれば、空き教室に先生方が変わる変わる来てくれるし、友だちは休み時間に来る……そんな感じのことですね。

森　武道はいいな〜。教えやすいものね（笑）。

津川　教えやすいですよ。

森　芝居は教えにくいんだ。ほんとにある人には伝わらない。何を言っているのかすら検知できていない。

津川　そうなんですか。

森　武道はやったことない人だってなんとなくわかるじゃん。

津川　わかりますよね。

黒沢　聞いていてけっこうわかる。

津川　今は座ったままですが、院生や卒業生と話しているときはすぐに立ち上がって、ほら、手首をもってみて、こうすると崩れていくでしょ、というように動き出します。最近は、自分の研究室だけではなくて、学会の場でもそれやっちゃっていますけれど（笑）。

メタファーとしてわかりやすいのがいいですね。体感としてわかるのが大事だと思います。強く握れば握るほど、実はどんどん無理な姿勢になって崩れてしまう。強く突けば強く突くほど崩れていく。これ、簡単に言っていますけれど、人間って強く握られると、反射的にそこに力を入れてしまうものなんです。だから実際はすごく難しい。接触したところには力を入れないで、他を動かす。要はコンテンツではなくて、コンテクストを変えることですが、これを知的作業ではなく、身体のレベルで、しかも瞬時にできるのが大切だと思っています。

黒沢　「症状の全面肯定」って私もものすごく同感です。私ができることってそれしかしてないと思う。武道も演劇も何もやっていないから、自分は何からやっているのかなと考えていたんだけれど。

津川　「症状の全面肯定」っていうと、その症状をそのまま続けたらどうするんですかという質問もよく受けますよ。

黒沢　でもそれから入らないと。それから入らないやり方もあるんだろうけれど、私はそこから入らないと他のことができないのです。

津川　ですよね。私の言う「症状の全面肯定」というのは、症状を起こし続けていいという意味では全然ないです。

黒沢　それをずっと話題にしているわけではないですけれど、否定しないで、それはあるよね、みたいな感じです。

津川　つまり、利用（utilization）をするのですね。これがエリクソニアンやブリーフセラピーの中心概念だと思います。ユーティライゼーションは分けると二つのプロセスがあって、一つは相手をまず肯定すること。ペーシング（pacing）ですね。私はこれを大和言葉で「合わせ」と言っています。それからもう一つがリーディング（leading）ですね。これまでとは違う方向に導くことですから、「ずらし」と言っています。合わせとずらし、この二つのプロセスから利用は成り立っています。多くの人はテクニックを学ぶと、ずらすことにばかり注意が向いてしまうけれど、その前に相手を肯定して合わせることがポイントです。「相手がどんなものを持ち出してきても、それを受け入れるようにしなさい。それから方向づけるのです」って、エリクソンは言っていますが、私はそれを強調して「症状の全面肯定」と言っています。

たとえば過食・嘔吐のケースも、過食をやめさせようとはしません。今は食べていていいよって、私だったら言うでしょう。昼間から元気に過食する人いません。だいたい過食するのは夜。一人ぼっちのときですね。今思い出したのは、夜の十時、十一時、寂しくなる時間帯になるとふらっとコンビニに行って五千円から一万円くらい買ってしまうケースです。五千円分の食糧って相当ありますよ。何を買うの、って聞いても本人覚えていないですね。店で見て、ただあったものを自動的にかごに入れる感じ。それで家に帰ると、それをそのまんま、袋から食べる。温めて食べるような食材でも、流しに座り込んでそのまま食べている。ご家族はどうしているかというと、最初はお母さんがそんなことしちゃダメって注意していたけれど、ケンカになるから、お母さんはそのうち引っ込んじゃったんです。こういうケースでも、私は過食していていいと言うわけです。今はしょうがないんだからと。だけどそれを認めてそのまま治らなくていいと言うんじゃなくて、動かせるところは少しずつでもしっかりと動かしていきます。過食していていいから、とりあえずお皿に盛って食べるようにしようと提案します。過食は止めない。過食の仕方を変える。お母さんには、やさしい声かけなんかしなくていいから、お皿にもってあげてくださいとお願いします。でもね、お皿に入れて食べることができると、もうこれだけでずいぶん変わります。母子間のやりとりもそれまでと全く変わってきます。お母さんは温かいものは温かくして食べた方がいいといって、レンジでチンしたり、あるいはお鍋で温めたりしてお皿にもってくれました。部屋に引っ込んじゃうのではなくて、娘が食べている間、そばにいてくれました。こちらが指示しなくてもどんどん工夫してくれる。合わせというのは、症状をずっと続けていいというのではなくて、症状は受けとめて全面的に肯定する。それから、他のところを動かしてずらしていく。そうやって、ずらして効果のあったものをさらに広げていくと、それまでとは違う生活が生まれてきます。でもね、全面肯定って難しいですね。相手がこだわっているところに、つい余計なことを言いたくなるから。だから、自分に言い聞かせるように、周りの人にも、症状の全面肯定がスタートだと言っています。

森　とりあえず人に教える。

津川　うん、教えるとね、教えた手前、自分もそうだなって思える（笑）。

黒沢　また自分に返ってくる。森先生は人に教えるのが割と好きですよね。

森　大好き。

黒沢　やっぱり人に教えることによって、自分に返ってくるものってあるんですか。

森　そうそう。そうそう。

黒沢　例えば。

森　まず、教える前に勉強するじゃない。

黒沢　伝える前にどうしたらいいかなって。

森　そうそう、そうそう。そうでもしないと私って勉強しないからね（笑）。

黒沢　はい、よく存じ上げています。

森　教える機会を得て初めて勉強するんだよ。あとはどういうふう言えば人々に入るのかということを、実際教えながら確認していくことだよね。入った説明の仕方が、その現象の一番いい説明の仕方なので。自分の頭の中だけで考えていたってダメだよね。

津川　結果から、どこが良かったかを検討するということですね。

森　教えるのが一番、自分の頭を整理するうえでも一番大事かな。

津川　確かに。

黒沢　津川先生だと、全面肯定とは言ってもなかなかできないけれど、それが大事なんだよと人に言うことによって、もう一回自分に言い聞かせるみたいなことをおっしゃっていたんですが、森先生はそういうメカニズムあるんですか。

森　ない。

津川・黒沢　（笑）

森　だから私が説明したり教えたりするときは、全面肯定という言葉を使わない。だからそこが違いになる。使わないというのは無理だけれど、ただ絶対言わないよ。

黒沢　どんな伝え方をするんですか。教えやすくて、なおかつ……。結果は、今言ったのと同じようなことやるんじゃないですか。

森　そう。

黒沢　じゃあ、どういうふうに？

森　症状って面白いじゃんって。メッチャ面白い方で、私はいくね。

黒沢　生かせばいい。

森　そうそう、そうそう。それ取ったらまずいじゃん。

症状はメッチャ変で面白い

津川　あぁ、面白がっちゃうんですよね。

森　そうそう、そうそう。すごい楽しい。それがあるから私は臨床をやってきたんだという、そういう説明の仕方をする。患者さんたちって、世の中で一番素敵な人たちよ。症状はメッチャ変。
津川 （笑）
森 私は患者というものに対して、精神病患者というものに対して一種憧れめいたものがあるんだよね。
津川 憧れ？
黒沢 そう、中途半端だから。
森 自分にもその要素があると思うんだけれど、私はちゃんと発症していないんですよ。
黒沢 本人は、そう思っているんだけれど。
森 特に若い頃は、患者さんと会ってしゃべっていると、追いつきたいって。まだ追いつける可能性があるじゃん。今はそうは思わないけれどさ。患者さんみると、悔しいんだよね。
津川 えっ、悔しい？（笑）
黒沢 そこまで面白くなれないので。
津川 なるほど。
森 自分の中途半端さみたいな、自分がいかに平凡かということを患者さんと接触していると思い知らされる。
津川 それはわかります。
森 平凡なヤツの芝居なんて面白くない。平凡や普通であるというのに価値がないわけよ。私の中で、価値があるものは変であり、普通でない珍しいもの、そのへんが価値があるわけ。患者さんはそれを見事に体現しているけれど、私はできていない。そのへんの悔しさ。
津川 悔しいとまでは思わないけれど（笑）、自分は普通すぎると思わされますね。なんて常識人なんだろうって。患者さんではないけれど連想したことがあるんですが、私がスーパーバイズしている卒業生で、今度シンガポールで仕事を始めたのがいます。スーパービジョンはスカイプを使ってやっています。それで、スカイプのスーパービジョンもいいけれど、ゆくゆくはアラブの石油王とか華僑の大金持ちと結婚して、ファーストクラスで私を招いて、現地でスーパービジョンさせてね、と言ったんですよ。そしたら、「先生、ファーストクラスではなくて、プライベートジェットでお迎えに行きます」と言われてしまって。

全員　（大笑い）

津川　ファーストクラスしか思いつかなかったんですよ。なんて平凡な常識人なのかと思い知らされました。だから負けじと、プール付きの別荘を用意しておいてと言ったら、今度も「プールでいいんですか。プライベートビーチを用意しますけど」って返されて。もう、プールってなんて小さいんだって（笑）。

黒沢　ビーチか島かって。

津川　自分の枠組みの狭さを感じた瞬間でした。話を戻しますが、クライエントや患者さんと会っていても彼らのユニークさは自分の想像の斜め上をいっちゃっているときありますね。

森　肯定するのって、やっぱしポジションがワンランク上の態度じゃん。しないよりはいいと思うけれど、私的にはめざすべきスタンスだとはあんまり思わない。

津川　ふんふん。むしろ面白がっちゃう。あっ、それで思い出した。先生に褒めていただいたことってすごく少ないんですけれど。

黒沢　私も少ない（笑）。

津川　褒め言葉かどうかわからないけれど、言われて嬉しかったことがあります。ＣＢＴの人とブリーフの人とでシンポジウムをしたことがありました。森先生が指定討論をされていて、その時こう言われたんですよ。シンポジストの先生方も司会の津川くんもみんな共通点がある。それは何かというと患者さんの症状を愛していることだって。これは嬉しかったですね。その通りなんです。
森　うん。

変さを求めて

黒沢　森先生ってちょっと変わっているというか、マイペースというのか、独特というのか、なくはないかもしれないけれど、ぶっ飛んでいるかのようにしているのは「ふり？」って聞いちゃったことがある。
森　小・中・高・大の途中までは、けっこう変であることをかなり意識してやっていた。
津川　ああ〜。
森　特に小・中・高。場が大阪だから、よけいそう。とにかくウケないといけないので。だからかなり意識していたよね。大学生になってからもそうで、いつの間にか大学院ぐらいからは、意識して変を装うということはなくなった。
津川　大学院で。
森　結婚したということが大きかったと思う。
黒沢　変を装わなくてすむようになった。
森　そうそう。変を装うモチベーションの大きな一つが、やっぱり女性の眼を惹きつけるためというのが大きかったからさ。男にモテるのもいいけれどさ、女にもモテたいじゃん。
黒沢　特に森先生には、それはかなり大事なこと。
森　それが結婚して、そこらへんを頑張らなくても済んだ。

黒沢　もういいかなと（笑）。

津川　結婚して落ち着かなかったら大変ですね。

森　そうなんだよ。いつの間にか、落ち着いて、ある時、気が付いたら元々変だという話に（笑）。いつ頃から定着していたんだろう。こういうのは目指せばできるのかなという、感慨深いものがありますよね。

津川　青い鳥、どこかに探しに行かなくてもここにいた。

黒沢　変はいた（笑）。探すこともなかった（笑）。

森　どうなんだろう。私は元々変だったのかな。すげぇ～小さい頃、優等生だった。常にリーダーだった。すげえ、それが嫌だった。

黒沢　でも、学校文化みたいなものの中では優等生だけれど、社会では社会性があまり高くないから――ちょっと控えめに言っていますが――だんだん持ち味が露呈してくるというか（笑）。

津川　森先生は、根はとっても真面目な方だと思います。

森　思う。

黒沢　それは方向性はそうなんだけれど……。

津川　それを特に感じたのは学会誌の編集の仕事をご一緒させてもらったときです。森先生には論文の査読をたくさんしていただきました。査読をする方って、けっこう言いっぱなしが多いんですが、森先生の査読は指摘するだけでなく代案を出されるんです。

黒沢　そうですよね。

津川　ここが真面目だなと思うんですよ。指摘や批判だけじゃなくて、こうするといいように収まるからと、代案を出してあげるところが、物事に対して責任をとっている感じなんですよね。だから、森先生は変に見せているけれど、ものすごく真面目だと感じました。
黒沢　そういうことは好きですよね。好きなことはすごくやんなさる。査読はすごく好き。
津川　ああ、なるほど。
黒沢　構成作家だから、素材があって、それはこうするといいよというのはすごい得意な領域。私からみればね。一から何か真っ白い原稿用紙に書きなさい的なことをするときよりも、元々素材があって、ちょっと歪んでいて、ここをこうするともっとよく出るよとか、こういう枠組みで言えば、こういうお作法があるからこうした方がいいよとか、そういう演出がうまいんですよ。構成作家だよね。演出が本当にすごく才能あるというか、秀でていると思うので、査読もその領域のひとつだと思っている。
津川　今の話、セラピーにそのままスライドできますね。生き方なり生活なりという素材があるから、一からつくってあげるというのではなくて、こうした方がもっと輝ける、面白くなるよねと。
黒沢　私の感覚でみていると、そういう感じなのだと思います。なんで、ゼロからなんかするとか、大変なこと。お片付けするとか、そういうことは全然（笑）。ある素材があって、それを演出するのが上手。
森　芝居もやっていて一番得意なのは演出。演出しているときが一番能力を発揮できていると思う。
津川　あの責任感というか面倒見のよさはそういうことだったんですね。言いっぱなしで、返された人が読んで落ち込むだけという査読が普通ですよ。こうすると収まるとか、こうやっていくと読みやすくなるとか、そういうところまで示す方はそんなにいなかったので。今の話でちょっとつながりました。
黒沢　それは森先生の責任感ではなくて、自然に出る演出能力。
津川　なるほど。
黒沢　セラピーにも通じてますよね。

津川　ですよね。なるほどね〜。

森　戯曲を書くときも白紙からセリフをつくっていくんじゃなくて、いろんな文献、作品から言われた言葉をまず集めてくるんだよね。それを使って全然別のストーリーをつくるっていうやつを一番よく書いていたね。もちろん自分でゼロからつくった芝居もあるけれど、出来がいまいちなんだよね（笑）。文豪たちの言葉って、さすが文豪だと呼ばれるだけあって、彼らの言葉に勝てるわけないわけで、じゃあと、それは使わせてもらった。そんな感じかな。

津川　そっか、素材をいろいろ集めて演出、料理して。面白いな。

森　野田（秀樹）さんの書き方とは全然違う。野田はゼロからつくっていく。

黒沢　うん。

森　すごく言葉をたくさん使うんだけれど、言葉をたくさん使って、言語を量的には解体していっちゃうんだよ。彼は言葉を壊していくんだよね。アプローチの仕方が違う。

黒沢　じゃあ、みんなが演出がうまくないといいお仕事ができないかというと、やっぱり人によって持ち味が違うと思うので、森先生はそういうところがすごく秀でていらっしゃるし、そういう形でのコメントとか、セラピーの方向でもそういうやり方が上手なんだと思います。私なんかは、平たく言えば、料理の材料がいっぱいあって、その人のなかにリソースがいっぱいあって、それをどう料理するかみたいな発想では、確かに素材を生かすというのでは同じなんだけれど、あんまり演出とか、何かカッコいい形にもっていくという発想ってあまりない。似たような作業をしているのかもしれないですが、自分が拠って立っているイメージが違うというか、私は何かを演出するとか、構成作家みたいな発想はないし、またそういう訓練もしてきてないから、でもお料理ならできますよ〜みたいな感じ（笑）。

津川　黒沢先生の冷蔵庫の中にあるものをリソースにするという話はとても参考になりました。
黒沢　もしかしたら似たようなことなのかもしれないけれど。
津川　結果として似ているけれど、それぞれのもっているイメージが違いますから。
黒沢　違いますね。同じ素材を使って同じ味付けしても盛り方によって全然違うし、似たようなものはあるのかなと思うけれど、自分の中から出てくるのは全然違う、イメージとして。

問題を遊びにする

津川　そうか。そのイメージでいうと、武道もそうですが、私の場合は遊びですね。ごっこ遊び。私はソリューションの面接をすることもありますが、問題に焦点を当てた面接もよくします。問題とか症状、好きですから。
黒沢　面白いよね。
津川　面白いんですよ。だからそれどうなっているのって、見せてもらったりする。話だけでやる場合もあるけれど、実際にその場で演じてもらうこともよくあります。それで、問題や症状を面白がっているうちにそのパターンが崩れちゃう。例えば、不登校気味の子で朝、絶対起きてこないというケースありますね。ゆすっても、耳元で声上げても絶対起きないんだそうです。面接していたのがプレイルームで、体操用のマットがあったから、そのマットをお布団にして、ちょっとおいで、そこに寝てみて、って子どもに言って。お母さんにも、いつもみたいに起こしてくださいって、お願いします。お母さんは、揺すったり、朝よ～って声かけたりしますね。でも、起こし方がワンパターンなんですよ。そうすると、これもっと面白くならないかなみたいな（笑）。君はいい子にふるまう必要はなくていつも通りでいいから、起きるんじゃないぞって、言っておいて、お母さんに、この子くすぐりで弱いところはどこですかって聞く。脇と足の裏って言うから、じゃあ、くすぐろうってことになると、子どもは布団（マット）から出て逃げ回る。おいおい、そんな簡単に起きるなよって、こちらは突っ込む。

そんな感じの遊びをいろいろ繰り返すわけです。今度はお母さんに、他にいいアイデアあるって聞くと、じゃあ、チュウしちゃうとかどうでしょうかとか、向こうからドンドン出てくる。それからそこにお侍さんのカツラがあったら、今度はそれかぶって、「若様、起きるでござる」みたいな言い方で起こすわけですね。語尾が変わるだけで、コンテンツは変わらないのに、やたら盛り上がる。いかに面白くなるようになるかという発想でやっていると、こちらが介入の意図を考えてなくても、自然にパターンが崩れちゃう。こんなふうに問題をごっこ遊びにしてしまうのは、介入案をきっちり考えなくていいので、楽ですし、なによりやっていて楽しい。

黒沢　うんうん。

森　ブリーフの雑誌に投稿していたのも遊びだったよね。

津川　はい、よく覚えていてくださって、ありがとうございます。あの論文（編集部注＝津川秀夫（二〇〇〇）治療メタファーとしての遊び『ブリーフサイコセラピー研究』第九巻一八～三八頁）は、遊びの体験を通して例外を引き出すというものです。先ほど話したのは、遊んでいるうちに問題のパターンが崩れてしまうというものです。

そういえば、ベイトソンの遊びの定義が実に面白いんです。遊びというのは、メタコミュニケーションができない動物では成立しないと彼は言うんです。「今やっているこれらの行為はそれが表すところのものを表さない」。これがベイトソンの遊びの説明ですね。例えば、犬がじゃれあって噛みつきっこしているとします。噛みつきっこというのは、噛みつきを表します。だけど噛みつきが表すところの殺傷とか闘争とか表わしていません。だから噛みつきっこしている犬同士はちゃんとメタのコミュニケーションで、これは遊びだから本気だすなよというやりとりができていて、お互いがケンカしているように見えているけれど、それがじゃれあいで終わっていて、一方が大きなケガをすることなんてない。

問題をごっこ遊びにするというのは、「これは遊びだ」というメタのコミュニケーションができている中で問題をするということですね。そうすると、問題がもたらすところの苦しみとか絶望感をもたないで、安全に遊べちゃうんですね。安全に問題を見せてもらえて、しかもさっき言ったように、その場でごく自然に問題のパターンが崩れてしまう。

いじめについて

森　そうそうそう。いじめはどうなんだろうね？　いじめも面白がってるといじめにならなくなるのかな。昔はそうだったんだよね。

津川　あれはなんというのか、いじめっ子は遊びだと思っているんですよ。でも、いじめられっ子の方は遊びだと思っていない。両方が遊びだというのを共有できていたなら、例えば首閉めだって、プロレスごっこだって、傍から見れば危うくても、それは遊びだから危険性は少ない。でも、いじめの場合は、いじめっ子の方の勝手な思いだから、とても危ないです。メタのコミュニケーションが成立していないでしょう。

――いじめになると集団で一人の子をいじめるっていうことになりますよね。なかにはそういう面白いことやっているんだから面白さを共有しろ、空気を読め、同調しろみたいなのがありますよね。

津川　たしかに同調への圧力とか面白さの押しつけというのはありますね。でも押しつけと遊びは区別しておいたほうがよいと思います。それから、普通の遊びには「かわりばんこ」といって、役割交代のルールがありますが、いじめには攻撃する側とされる側の役割交代は決してない。やられる側はいつもその役割で固定化しています。こういうことも遊びに似ているけれど遊びではないことを表しているんでしょうね。

いじめの対策についていえば、本格的にいじめが始まってからはなかなか手強いところがあります。でも、そうなる前に関わるのは比較的楽だと思っています。いじめや学級崩壊のあるクラスは、教室入るとすぐわかる。席がまっすぐに並んでなくて、列がぐちゃぐちゃになっていたりしますよ。あるいは一つの机だけ列から外れているとか。列の乱れは人間関係の乱れであることが多いですね。それから、そういうクラスでは、掲示物の四隅に画鋲があることが少なくて、一つ二つ取れたままだったりします。「割れ窓理論」ってあるでしょう。大きい犯罪を防ぐためにも小さいことをしっかりみて取り締まることが大切だというモデルです。ニューヨーク市で実践されて有名になりましたね。割れた窓なんかを放置しておくと……。

――泥棒が入りやすい。

津川　そうそう、地域のモラルの低下が軽犯罪を引き起こし、やがては大きい犯罪につながっていく。学級経営なんかもよく似ていて、散らかしたゴミや座席の乱れを放っておくと、先生がそれを黙認したことになってしまいます。そうすると生徒が提出物を出さなくなったり遅刻が増えたりしてクラスのモラルがどんどん低下してきます。そういうクラスでは、いじめが起きたり不登校が何人も出たり、けっこう面倒くさい問題が出てきてもおかしくない。けれども、最初の段階をちゃんとやっておくと、それ以上悪化しなくて済むということはありますね。ただし、割れ窓理論はもともと犯罪抑止のモデルだからセラピーや教育に合わないこともあります。教育の場では、取り締まるのではなく、チャンスが巡ってきたと捉えればよいと思っています。例えば掲示物がはがれていたら、誰がはがしたかという犯人探しではなく、今日の放課後に貼り直すからボランティアしてくれる人いるかって募って、皆で楽しんでワイワイ言いながら貼り直していく。というふうにやっていくとクラスがすごくいい感じでまとまっていく。小さいことを大切にしていくことは、取り組みやすいしとても有効です。

黒沢　私も今、クラスが安心で安全で、みんなが通いたくなるようなクラスにしていくような取り組みということで全国でヒアリングしているんですが、やはり学級の中の整理整頓、教育的にいうとそうなるんですが、机をピシッと並べるとか、黒板消しをちゃんと置くとか、今おっしゃったように掲示物をきっちり貼るとか、そういうことが大切なんだということをおっしゃる先生はけっこういます。教師が率先してやることも大事なんでしょうが、みんなでそういうふうに教室をきれいにしようというのはすごく大事ですよね。

津川　ですよね。

黒沢　いじめに関しては、面白がるというのは文脈がいろいろ難しいなと思うんですが、いじめられているというよりも、そのクラスにいることがハッピーでなく感じられている子がいる、その子は本当はもっとハッピーでいたいんだ、じゃあその子をハッピーにするためにどんな助けがみんなでできるかなという発想で行うサポートグループ・アプローチという取り組みがあります。そういう視点はすごく効果的だと思っています。いじめの加害者は誰かとか、どういう嫌な思いをしたかとか、いじめそのものに焦点を当てるのではなく、やっている側はおふざけだとしても、それがハッピーでない子をつくっているなら、それをしないで、その子がハッピーになるために、みんながいろいろやれる役割があるよねということで、ピアサポートのチーム・アプローチをしていく。子どもたちがハッピーでないと感じているらしい子をどんなふうに子どもたちの手によってサポートをしていくか、シークレットサービスというのか、シークレットフレンドになって、本人には知らせないで、いろんな手助けをしながら関係をよりよくしていく。そのようなことが、結果的にいい成果を出すということに、私は今非常に注目しています。

津川　秘密の、というところがいいですね。

黒沢　うんうん。シークレット・バディ・プロジェクトとかあるんですよね。それってセラピーでもやりますよね。家族療法なんかでは、奥さんはご主人に秘密で、ご主人は奥さんに秘密で、ちょっとこんなことを次の面接までの間にやっていてくださいという、そういうことってとても効果があると思っています。

津川　確かに。

黒沢　それをやったか、やらないかも別に聞かれないんですね。でもやはり関係は良くなっていく。それは問題を肯定したわけではないけれど、問題から入らない、外側から崩していく、そんなイメージですかね。

津川　動かせるところから動かすという感じかな。そのクラスの中でいじめが起きていようといまいと掲示物は貼れるはずだし、整理整頓はできるし、秘密の友だちがその子のために手助けをすることもできる。問題があったとしても、それぞれやれることがある。

黒沢　そのクラスがみんなにとって気持ちのいいクラスになるためにどんなことができるのか。これはいじめとは関係なくできることですよね。

津川　できます。小さいことでいいんですよね。

催眠は恥ずかしい、でもトランスは大事

津川　私から先生に聞きたいことは、催眠に関するスタンスですね。エリクソンは催眠の範疇にないこともかなりしているけれど、催眠とかトランスはやはりエリクソンの技法の中核的なもので、それを無視することはできません。でも、森先生は消極的なスタンスで、催眠を使わないですね。

森　催眠をセラピーの中で直接使うということにはしていない。うん、消極的です。

津川　前にお話うかがったときには、恥ずかしいということを言われていて。

森　今聞かれても答えは同じ。恥ずかしい。

津川　森先生と同じように、自分で催眠は使わないけれど、エリクソンに関心を持っている人ってけっこう多いと思います。だからそういう人に、催眠をやらなきゃエリクソンを学べない、そんなことはなくて、こういう学び方もあるよ、という何かヒントを教わりたいと思っていたんですが。

森　トランスの話って誰のときにやったんだっけ。中島先生のときにはずいぶんしていましたね（前章参照）。

津川　ふ～ん。

森　なので話がかぶるから詳しくはしないけれど、昔は、催眠療法をちゃんと勉強していないからけっこうそれがコンプレックスになっていた。やはりちゃんと心理療法家、しかもブリーフセラピストを名乗るためには、ちゃんと催眠を勉強ぐらいはしなきゃと思っている自分がいて、それをやっていない自分というのを恥ずかしいなと。でも、研修、え～出るの。ワークとか思い切り恥ずかしくて。

津川　ワークの時間になると先生外に出ていましたよね。

森　ワークは本当に嫌いで逃げていた。絶対に逃げるの。人にはさせるんだけれどさ(笑)。でも多くの人はワーク好きだよね。
津川　皆さんそうですよね。
森　私は大嫌い。なんだろうね、その恥ずかしさって。恥ずかしさって、本来説明できない感情じゃない。なぜ恥ずかしいのか、どうしてこれは恥ずかしくて、これは恥ずかしくないのかって、説明できない概念だと思う。
津川　無理やり理屈は付けられるけれど、それが合っているかというと実は違う。
森　理屈つけたときが、いかにも屁理屈だよな。自分で理屈が出てくるじゃん。
津川　いかにも、でね。
森　そこじゃあ、ねえだろうって(笑)。恥ずかしいものは理屈がなんであれ恥ずかしいし、恥ずかしく感じないものは恥ずかしくないんだよ。それは人それぞれ、何に恥ずかしさを感じるかはみんな違う。私の場合、心理療法にまつわる話でいうと、コンプリメントと催眠は恥ずかしいんです(笑)。
津川　なるほど。
森　なので、するとしてもそれとはわからないようにする(笑)。コンプリメントもそうだし、催眠もそう。昔は催眠って心理療法の中でなんだかんだいって重要な一つの手続きじゃないかと思っていて、やっぱり催眠を勉強しないとダメだよねって、皆に聞いて回っていた。だけど聞く人聞く人みんな、ハンコ押したように催眠なんかしなくても森先生やっているし、ちゃんと勉強なんかしなくてもいいよって、例外なく言うんですよ。神田橋條治なんか、聞かなくてもやるなって言ってきたからね。
津川　なるほど。むしろ積極的にやらない方がいいと。

森　催眠は変な人がやるものだからみたいな感じで言っていたね。

津川　あれっ、先生は変な人になりたかったんですよね。

森　まあね。そう言われるとやりたくなるんだけれど。そこまでする必要はないだろうと。四〇代はそのへんをけっこうマジで悩んでいた。四〇代後半になってからようやく、まあいいかなって思うようになったかな。手続きとしてもそんなに重要ではないんじゃないかっていうふうに。催眠使うと早いかなと思うケースはなくはないけれどね。私がちゃんと催眠使ったケースは確か五ケースぐらいかな。それはよっぽど頼まれたり、やってるやり方が今いちだなと思ったときに、こういうケースに催眠やったらどうなるだろうという形でやったケース合わせて。よほどこれは絶対催眠が適しているという感触もなかったし。ダメだったケースもあったし。まずそんな感じで手続きとしても別に無理に勉強してやる価値はないかもしれないって、ようやく四〇代の後半になって思えるようになった。

　ただ、トランスというものは昔も今も非常に重視している。トランス的な状態の中にクライエントさんに入ってもらうということが、一回の面接の中に最低三回くらいは入ってほしいよね。

津川　なるほど。

森　そういう瞬間は、いわゆる催眠的な手続きを使わなくても私の場合できるので、なのであえて催眠は使わないけれど、トランスは重要で、それはなくてはならない必須アイテムとして、ペーシング、リーディング、ユーティライゼーション、と並んで必須です。

津川　トランスの重要度がそんなに高いんですね。私が勝手に思っていたのは、森先生は催眠の手続きには関心を持たれないし、実践されようとしない。でもエリクソンの催眠使ったケースについてよく読みこまれている。催眠という手続き論ではなくて、催眠という視点を重視されているのかなというふうに思っていたんですよ。でも、今の話を聞くとそうではなく、トランスそのものを大事にしているということですね。

森　だからロッシの言うクリエイティブ・モーメントみたいなもの。ああいう瞬間をセラピーの中でつくろうと。

津川　それ、よくわかります。

森　それは非常に重視しています。なんでかというと、自分も自分の人生の中で変わってきたわけじゃん。変化し、それなりに成長したと思うけれど、そういうときって必ずトランス的な体験というのを私の場合、小さい頃から経験している。そういった体験があるから、やはり人って、ああいうトランス的な体験を経て人は変わるし、その中で成長していくし、変化していくというのは実感としてもっているので、それをクライエントさんにも持っていただきたい。

津川　エリクソンでいうと〝3〟サンと〝m〟の違いがわかった瞬間ですね。

森　他の人にも話したけれど、私はトランス使って東大入ったんで。試験会場で完全にトランスに入っていたんだよ。トランスに入るためのいわゆる手続きを、一年かけて自分で開発したので。とにかく私は、東大進学を目指して育ってきた子どもではなかった。私にとって東大ってもっと身近な存在。うちには親父も含めて四人が東大で、普通に東大生がいるわけ。

津川　一家に四人、東大って。

森　だから特別な大学ではないのよ。東大生を知らない人って、なんか東大出ってすごいって思っているようだけれど、別にすごくねえし、そんなに頭いいか〜みたいな感じ。

津川　濃厚な家庭ですが（笑）。でも、身近に東大生がいると、そうなってくるんですかね。

森　それこそ普通、特別なことではない。だから特別に目指さないでいい。俊夫ちゃんも東大だねって。プレッシャーが一切なかったからね。多分一つの大学だよね。ちょっと大学絞らないといけないんでって、高三になってようやくだよ。今話題の理化学研究所に勤めていた親父の兄貴の長男がいたんですよ。私は地球物理やりたいって思ってた。おじさんは、当時は核融合をやっていたのかな。多分和光の理化学研究所でやっていたんだよね。地球物理やっていた竹内先生のもとで地球物理学やりたいって相談に行ったら、その伯父に東大も連れて行ってもらったし、理研も見学に行って、いろんなところ連れていってもらった。同時に物理学会の名簿というのがあって、どこの大学でどんな研究をやっているかというのが載ってあって、それ見ながら、やはり俊夫がやりたいことをやっているのは東大だねと。京都はちょっと違うなとか、いろいろ話して、じゃあそうですか、東大にしますって、ゴールデンウィーク明けてから。

津川　ゴールデンウィーク明けてから……。なかなかですね（笑）。

森　担任の先生も物理なのでそのこと言ったら、はぁ、みたいな感じだったけれど、別に反対もされなかったので、そういうことでって。後で大学入ってから、親父が東京に出てきて二人で飲んだときに聞いた。実はな、俊夫——三年の時の担任の物理の先生は横田先生って言うんだけれど——俊夫が東大受験するってどうも反対だったみたいなんだよって。自分には今まで全く言ってなかったので。そういう体制に私が入ってなかったので、ちょっと父が横田先生の所に行って、準備もちゃんとやっていないのでだめとは思うけれど、一応現役だし、受けさせるだけ受けさせてほしいって、頼み込みに行ったんだよっていう話を大学入ってから初めて聞いた。えっ、そんな親っぽいことをやっていたんだって（笑）。

だけど高三の連休明けから受験体制じゃん。私が相手にしないといけない人たちは灘、開成、ラ・サール、麻布。当時は知らなかったけれど、東京だったら四谷大塚とか、小さいときから通って、それなりの準備をしてる人たちが相手なのよ。

津川　小学生からガンガンやってきた人たちですから。

森　私、予備校も塾も通ったことない。家庭教師も一回か二回、友だちのお兄ちゃんに教えてもらったことがあるくらい。本当に受験体制ってまったくなかったんだよね。その差は大きいよね。もちろんこれからは勉強するよ。またそれまでも全く勉強してこなかったわけではないけれど、東大に的絞った受験勉強をするけれどさ、私がこれから受験勉強する以上にあいつらもするわけでしょう。差が縮まることは絶対にないじゃん。

津川　相当やっていますよ、あいつらは（笑）。

森　だから学力でやったって勝負はみえてる。もし現役で片づけるとして勝負に持ち込むとすれば、本番勝負しかないわけ。私にはプレッシャーはないけれど、受かったらもうけもの、別に失うものなんもない。そうはいっても実はすごいストレスを感じていた。それが証拠に飯食えなくなったから。こちらにはプレッシャーはないけれど、奴らのプレッシャーはすごいよね。中にはそのために生きてきた奴っているよね。ここで落ちたら人生終わりの奴って絶対いるよね。

津川　いるでしょうね。

森　それに本番当日、そのプレッシャーに耐えきれなくて潰れる奴って絶対何人かいる。実力があったって、その実力を半分も出せない奴って絶対にいる。もし私が勝つためには、その半分も実力を発揮できない奴らに対してこっちが一〇〇じゃ多分追いつかないから、最低一五〇パーセント。できればもっている実力の二〇〇パーセント出してようやく勝負になるだろというイメージだよね。じゃあどうすれば試験会場、本番の日に一五〇～二〇〇パーセントの実力を発揮できるのかという研究に入ったわけ。

まずやったことは、今までの覚えているテスト場面をずっと想起するんだよね。その中で思いがけずいい成績をとったシーンと、全く実力を発揮できなかったシーンを並行して想起していくわけ。そのときに何が違ったのか、思いがけずいい点をとったときって、試験当日、試験前日、前日ぐらいまでしかさかのぼらなかったけれど、前日の夜から試験当日、自分は何をやっていたのか、どんな感じで試験に向かっていたのか。逆に全く実力を発揮できないとき、大ポカをしているときってどういう感じで前日を過ごして、当日どんな感じで試験に向かっていたのかというのをずっと思い返して、いくつか仮説を立てるわけね。それで一つ一つ次のテストで、どんなテストでもいいから、テストの日にその仮説を実践してみるわけ。例えば夜何時に寝ましたとか、一夜漬けしましたとか、しませんでしたとか。試験前、友だちとけっこう賑やかにしゃべっていましたとか、一人でじっとして集中していましたとか、方法がいろいろあるんだけれど、それを実際にやってみるわけ。それで当たった仮説もあるし、結果と関係がなかったのもあって、そういうのを消去し、当たったのは実践をくりかえしつつ、本当に再現性があるのか、再現性があるやつはどんどん残していくわけよ。そういう手続きを本番当日まで繰り返していたわけ。

もう年明けくらい、もっと前、冬に入った段階では、ものすごい細かく前の晩の過ごし方、当日の起き方、朝の過ごし方、会場までの行き方、会場到着後の行動、そして受験が始まってからどうするか、そして終わった後、休憩時間をどう過ごすか、緻密なマニュアルが頭の中にできあがっているわけ。そこで試験が始まる前に目指していた状態って何なのか、どういう状態をその緻密なマニュアルによって作ろうとしていたかというと、ダルマさんの状態をつくろうとしていた。骨と皮だけは感じるんだけれど、中身が全く詰まっていない状態。

津川　ふ〜ん。

森　この状態が出来上がったら自動書記ができる。頭の中で考えてないのに手が勝手に動く。空洞なの。ドキドキもしない。その当時、すごい吐き気が強くて、下痢もしていたけれど、胃腸系の違和感もないわけ。だから身体症状が全くない状態になるわけね。空っぽだから。そしてその中でその状態をつくってしまうと、例えば数学の問題なんか、文章題だよね、みると答案用紙に回答が見えてくるの。答えの数字までは見えないけれど、解くプロセスというのはわーっと見えてくるわけ。試験会場でやっていることは、それを鉛筆で手がなぞっているだけ。

津川　ふん、ふん。

森　そんな感覚になるわけ。英語だと全ての単語の意味がわかる。「こんな単語知っていたっけ?! 俺?」みたいな感じよ。これってこうだよねって、文章や長文読んでいても全部わかる状態なの。国語は文章題を読んでいると三つの答えが見えてくるの。

津川　三つ。

森　そう。その問いによって、出題者は何を答えさせたがっているか。作者は何を伝えようとしているのか。三つ目は俺はどう思うか。三つの答えが自動的にみえてくるみたいな。出題者の答えを書くことになるけれどさ。そういう状態になる。だから当時はトランスという言葉、単語すらも知らなかったけれど、これは完全にトランスだよね。だって自動書記なんてさ。そういう状態をつくることに成功したということが、私が東大に入れた最大の理由だと思う。

　他にもいろいろあるんだけれど、自分が人生上、大事なパフォーマンスをやらなきゃいけないとき、今思い返してみると小さいときから、小さいときはピアノの発表会とか、そういう場面で使っていたわけではないけれど、そういう状態になっていたということを知っているわけ。大学入ってから芝居やっているときもそうだし。その状態が自分の人生を大きく変えてきたという体験があるのね。自分にそういう体験があるので、クライエントさんにもそこまですごいものを実際に作る必要はないけれど、受験のためにすごい能力を費やしたけれど、他のエピソードはもっと小さい。

いっちゃん軽いのが高二だったかな。体育の課題が走り幅跳びだったのね。私はあまり運動できないけれど、根がまじめだから一生懸命飛べるように練習していた。でも記録が伸びないわけ。当時練習していた砂場は二コースあった。私はずっと左のコースで足も合わせて練習するわけ。私は利き足が右足だからちゃんと右足で踏み込めるように練習していた。ところがあるとき、左側のコースが使えなくって、しょうがないので空いている右側のコースに入って、いつものように走り始めたんだけれど、踏切り板に近づくにつれて、あれっ？　おかしいぞ、足が合わないぞってなった。どうやら踏切り板の置かれている位置が左右で違ったみたいなんだよ。今までまったく気がつかなかったんだけれど。右側のレーンの方が砂場よりも遠いところに踏切り板があるわけよ。だからこのままいったら足が合わなくなる。途中まで走っていって気がついたんだけれどもうしょうがないと、いっちゃえ〜という感じで、あ〜となりながら左足で跳んだ。それでいつもの所に落ちたのよ。いつもと同じところにね。だけど踏切り板の位置は遠いんだよね。飛んだ距離としては一〇センチとか二〇センチとか、遠く飛べるわけ。だから記録が伸びた。それで面白いな〜と思って、左足って利き足じゃないのに、それでも遠く飛べるんだということにほ〜んって思ったことが一つ。それともう一つすごく面白いと感じたのは、落ちる位置って同じなんだなと。だからどこに落ちるかって、俺の場合決まっているんだって。

津川　（笑）

森　いつも落ちているところに落ちる。多分今起こったことは、そういうことだろうと。それ以外に説明がつかないんだよね。このときはもちろん解決志向、ブリーフセラピーなんて知らないわけ。ソリューションの解決の話を聞いたとき、真っ先に思い出したのはこの高二のときのちっぽけな体験ですよ。このエピソードって際限ないくらいちっぽけです。でも思わず跳んだよね。当時の私にとってはけっこう面白い現象だった。これを考察する、分析するみたいなことが起こったというふうに思ったんだろうね。そういうこともあってソリューションを実際やるときも、実際に生徒たちにソリューションを教えるときも、未来って思ったようになるんだよっていうことを確信をもって伝えられるというのかな。もちろん走り幅跳びだけの体験ではなくて、他にもいっぱいあるわけです。人生がいかに思ったようになるか、それと同じようにトランスというのが人の変化にかかわっているか。そのときにもワーッとか言って多分パニクッていたから、軽くトランスが入ってた。左足で踏み切ったところでパニックってた。

津川　パニックというのは一つのトランスの入り口ですから。

森　そのときに確かに思った。俺って何かパフォーマンスいいときって、確かにワーッってなっている時だって。

津川　（笑）

森　私って、なんだかんだいって頭いいじゃないですか。すべてのことをちゃんと分析するんだよね。だからワーッってなっていることって実はすごく数が少ない。

津川　なるほど。思考がパフォーマンスを制限していた。

森　うんうん。

津川　だからそこの思考を取っ払っちゃった方が、つまり、トランスに入っていた方が、持っていたものが出てくる。

森　そういうことは、けっこう若い頃からすごく感じていた。パフォーマンスを上げたいんだったら、ワーッてなっているときを考える。

バッドトランス

津川　そうすると、患者さんが症状を出しているときっていうのは、先生のそれとは対極にあるトランスに入っているわけですね。
森　そうそう。そうそう。
津川　私はそれをバッドトランス（bad trance）と言っています。
森　はいはい。
津川　クリエイティブなトランスの真反対のトランスです。問題や症状が出ているとき、クライエントは見事なバッドトランスに入っています。今ここにいない。例えばトラウマもった人なんて、ちょっと刺激が入るとフラッシュバックが起こってパニックを起こしたり涙を流したりしてすぐにバッドトランスに入ってしまう。強迫のケースも、周囲の状況に関係なく強迫観念のなかに入りこんでいる。過去に飛んでいったり、頭の中で反芻していたりという違いがあるけれど、こういう症状はまさにトランスの特徴を備えています。以前はいろんなテクニックを使ってバッドトランスにアプローチしようと考えていたんですが、最近はそれがバッドであれトランスであることには変わりないから、とりあえず覚ましてみようと、シンプルな方向へ向かっています。今ここにいる限り、その人はＯＫです。強迫神経症の人だって、今ここにいる限りノーマルだし適応状態もよい。ＰＴＳＤの人なんかも、今ここにいれば全く普通です。統合失調症の患者さんも妄想や幻聴の世界に行かなければ普通にお話しできる。何かあるとすぐにバッドトランスに入ってしまうのが問題であって、それ以外は基本的にＯＫだと考えています。

こっちに戻すときは解催眠の手続きと同じですが、もっと簡単にしてもいいかもしれない。はい、こっち見て、って呼びかけて、今ここにちゃんと戻すことができれば、手続きはそれほど問題にならないと思います。

森　だったね。

津川　そうか、この話は、学会で先生は聞いてくださっていましたね。

森　催眠に関しては今そんな感じのスタンスかな。

津川　はい。

森　うん。トランスはすごい大事。

津川　ですね。

森　トランスも、もちろんコミュニケーションから発生するトランスもあるからあれなんだけれど、トランスに入っている状態は完全に個的なものなので、他の大事なこと、例えばペーシング、リーディング、ユーティライゼーションも相互作用じゃないですか。なので、相互作用だけで心理療法を語るという形でやろうとしている人たちがいるのは知っていますが、特にブリーフセラピストの人たちの中には多いことも知っていますが、私的には個人という個の在り方にも、すごく関心があるので、個の状態を理解するために説明するといったとき、中核の概念というのがトランスと位置づけている。

津川　そうか。確かにトランスは確かに個なんですが、私は個の中についても相互作用だと思っているんです。

森　はい。

津川　ある観念を思い浮かべる。例えば腕が上がるという観念を思い続けると腕が筋運動として動く。これは観念と筋運動の相互作用ですよね。確かに個の状態といってもよいけれど、相互作用としても追っていけると思っています。

森　個の中で起こっていることを相互作用で捉えるというのはちょっと注意が必要なスタンスのように私には思える。それをあんまりやり過ぎると、どんどん乖離が進むぞ。常に相互作用といったときには、独立したユニットをいくつか設定しないといけないわけじゃん。

津川　はい。

森　そこで分離の乖離が必ず出てくるんで、だから相互作用だけで物事をしかも本当だったら統合されている一つのものを、その中に相互作用はあるんだけれど、その面だけで見ていくと、観察者から考える分にはぜんぜんいいんですけれど、本人的に症状としての乖離は進む可能性が強いね。

津川　なにか例をあげていただけると、わかりやすい。

森　例えば自分の考え、行動、感覚と相互作用して影響しあっている。

津川　影響しあっていますね。

森　といったときに考えと体、例えば胃だったら胃。ああ、気持ちが悪いなムカつくなとか、痛いなとか。今日はスッキリしているとかいうのを、それを考えとして言う自分は、今、自分の胃の状態をこういうふうにモニターし、そうやってモニターしている状態にもっていっている。また胃のある種の状態がこんな考えを自分の頭の中に思い浮かばせる、気持ち悪いっていったときに、あのとき吐いちゃったあのバスの中の光景が浮かぶ。

津川　イモヅル式にいろんなものが浮かびますね。

森　そう。あの場面を思いだすとか、そういう作業ばかりあんまりクライエントさんにやらせ続けていると。

津川　そういう意味ですね。わかります、わかります。

森　そう、乖離の症状も逆に強化する。
津川　でしょうね。
森　基本的に個というのは統合されている、一つのまとまったものなんだというスタンスとしてきっちり強調してあげて、その上で、でも考えてることと体ってやっぱしあるよねみたいな。二つあるよね。でもどっちともあなたなんだよねって、どっちもあなたなんだよね、というヤツを必ずいれておかないと。人との対人関係でもあの人のことは大好きだ、でも同時に憎い。
津川　ですね。
森　どっちが自分なんだ、どっちかが自分だというと、乖離するよね。症状としての乖離が起こるよね。なら治療目標はどっちの感情もあるよね。これ分離はしている。どっちの感情もある、分離しつつ、でどっちもあなただよね。私だったらセリフ回しやったら、絶対自分のこと一つに決めちゃダメだよって。あなたの中にはたくさんの自分がいる。自分をするということは往々にして世の中では一つの自分、私ってこれっていうものを見つけることが、私のことを知るということで使っているけれど、それは全く違うからね。自分の中ではたくさんの自分がいる。気付いていない自分もいるよ。来週までにあと３つ見つけておいでって（笑）。
津川　（笑）
森　で、それらはみんなあなたなんだと。一番最後のそれらはみんなあなたなんだというところを最後にきちっと注意深く持っておかないと治療は失敗する。ただ分離していったり、相互作用を扱っているだけだとまずいんじゃないかなと思うんだよね。
津川　記憶と感情をめぐる悪循環などが個人内の相互作用の典型的なものですね。個の中の相互作用を扱う場合でも、その中ばかりで作業をしているとちょっと面倒くさくなる。ですから、行動的なところや外側の世界に結びつけて作業するのが大事だと思いますね。エリクソンも面接室の中での変化を外の世界につなげることを重視していましたし、トランスの中のことを外側につなげることを大切にしていて、それはその通りだと思います。

森　そこらへんは一つ私が、いわゆる催眠ということに触手があんまり動かない理由の一つなんだよね。いわゆる催眠療法家って、面接室の中のことだけやっているんだよね。治療が多すぎというか、治療をするっていうより催眠を楽しんでいるんだよね。

津川　でしょうね。

森　そういう人が、催眠療法家の中にはすごく多い。そういう人たちとはちょっと一緒にしてほしくないというのが、私の中での催眠に対する恥ずかしさの一つの要素だとは思う。

津川　知り合いが多いので、なんとも言えませんが（笑）。催眠は一つのメガネに過ぎないから、もうちょっとトータルに見た方がよいとは思います。うまく誘導できたとかできないとか、そこで勝負するものではない。だから私は催眠しますが、催眠をすることにぜんぜんこだわらないです。私はエリクソニアンを自称していますが、別にソリューションの面接でやれるときはそれでやりますし、あんまりそこにはこだわりはないですね。

日本のエリクソニアン

森　津川くんも私も、自分のことをエリクソニアンって言うよね。

津川　言いますね。

森　日本で他に自分のことをちゃんとエリクソニアンって言う人、他にいる？　誰か知っている？

津川　そういえば知らないですね。

森　中島さんって言うっけ？

津川　中島先生は自分なりに照れがあるから、「エリクソン風」とか、「なんちゃってエリクソニアン」とかって（笑）。

森　他にはいる？

津川　いないんじゃないですか。

森　巷ではいるかもしれないけれどね。

津川　巷の方が多いかもしれないですね（笑）。

森　怪しい人たちが。

――宮田先生は。

森　宮田さんは自分のことエリクソニアンなんて言ってない。

津川　宮田先生は晩年ですが、「僕はブリーフセラピーだから」って言っていました。

森　もしかして我々だけ、エリクソニアンって。

津川　なんか嬉しいような、迷惑なような（笑）。

森　東先生はエリクソニアンという話（本書、最終章）。

――東先生はエリクソンの話から入りましたからね。

森　あれずるいよね。

黒沢　東先生は相手に合わせせるから。

津川　そうか、意外と自称している人はいないですね。

森　いいことだとは思うけれどさ。

――二人の臨床家がお互いにエリクソン大好きって言っていて、でも話が全然合わない。詳しく聞いたら、精神分析のエリクソンだったたっていう話があります。

津川　M・H・エリクソン先生はもちろんたいへん尊敬し憧れの存在ですが、私はE・H・エリクソン先生のことも大好きです。好きというか感謝と言ったほうがいいですね。今の大学で職を得たのはE・H・エリクソンのお陰ですから。どういうことかというと、大学に応募する時に自分の専門はエリクソンのアプローチだと書いて、論文とか学会発表などの研究業績を大学に送りました。当時、私は慶応の大学院の博士課程にいました。その頃、こちらが慶応出身と言うと、周りの人が勝手に精神分析の小此木啓吾先生を連想してくれるんです。本当は、山本和郎先生の門下でコミュニティ心理学やっていたんですが。それから、今の大学に無事採用されることになりました。担当科目は「人格心理学」というアイデンティティを扱うものでした。それから「臨床の倫理」という科目があって、そこでは治療構造論をやってくださいということでした。さらには、「精神分析」という科目もあって、エリクソンはエリクソンでも、もう完璧にあっちのエリクソン（笑）。

黒沢　それしかない。

津川　そうなんです。それで、先方は私のことを精神分析の人間と誤解しているようなんですけれど就職しても大丈夫でしょうかって、宮田先生に尋ねたら、津川くん、誤解というのはね、理解の一つだよって（笑）。

黒沢　確かに。

津川　誤解に合わせることから、お仕事を始めました。えーと、Ｅ・Ｈ・エリクソン先生には大変感謝しています（笑）。

津川秀夫（つがわ・ひでお）　吉備国際大学心理学部心理学科教授。同大学心理相談室長。臨床心理士。専門はエリクソニアン・アプローチ。最近は、不登校の対応と未然防止、そして心理臨床家の養成に力を注いでいる。主な著書に『認知行動療法とブリーフセラピーの接点』（日本評論社、共著）

中島（左）・黒沢（中）・森（右）　2015/1/30

第4章　一代助教・森　俊夫

東京大学医学部保健学専攻 森ゼミ生×森　俊夫

はじめに

長沼　今日は森先生にいろいろと聞いてみよう！　という会を開くことになりました。ここにおられるのは、黒沢幸子先生、山村礎先生、神田橋恵里子先生、等祐子先生、中野良吾先生、菊池安希子先生、森美加先生、宮本有紀先生、それに長沼洋一と私、長沼葉月という面々で、黒沢先生以外は、個人的に思うところは別かもしれませんが、森先生の弟子（?）にあたるメンバーです。東京大学医学部保健学専攻（精神衛生学）の出身者といったほうがいいでしょうか。このあと酒井佳永先生と、馬ノ段梨乃先生もいらっしゃる予定です。本来なら、ここにおられるべき人もまだいるのですが、そのうちの一人、元永拓郎先生から、今日は手紙を預かってきました。この紹介から始めさせていただきます。

博士・修士のころ

元永先生の手紙

森先生と出会ったのは、私が修士一年で、他学部から保健学専攻（精神衛生学）に進学した時であった。当時の主任教授は佐々木雄司先生で地域精神保健の実践研究を、より多様な人材で行っていこうという感じで、専門外の私も院生としてとってくれたようである。机のあった場所はS二〇八とか そんな部屋で、隣に山村先生、奥に影山隆之先生、橋本明先生がいたように記憶しているが、隣の部屋に博士二年ということで、森俊夫先生がいた。

同じ博士課程の影山先生が忙しく動いているのに対して、森俊夫先生はどちらかというと無口で、またいつも煙草をふかしており、黒革の、脚にピタッとくっついたズボンをはいていて、何者か謎であった。しかしいろいろと話をするにつれて、冗談が大好きで吉本新喜劇を敬愛していると聞き、関西出身の笑いのつぼを逃さない姿勢が感じられ、最初の印象とのギャップに驚いた。

また学部学生時代に留年をして演劇をやっていたこと、結婚をしており奥さんを女優としてかっていて、いずれ奥さんを主役にした舞台を打ちたいと思っていること、などが語られ、精神衛生の専門家を目指しているのか、演劇をやりたいのかよくわからなくなった。

森先生のイメージが変化したのは、森先生に院生がロールシャッハテストをとってもらい、そのフィードバックを受けた時である。私はもちろん、他の同期の院生も受けたのだが、ロールシャッハのフィードバックで、自分の内面の特徴がとてもわかりやすく簡潔に浮き彫りになったことに驚いた。

黒沢　そんなだったんだね。
　森先生の修士論文はたしかロールシャッハを使った研究であったが、物事を行うときにその深い部分まで理解して、自らの個性を出していく姿勢は、すでにその時に作られていたのだと、今になって思う。

黒沢　これ間違いだね。
森（美）　バウムテストだったよね。
森　修論が知能検査とパーソナリティ。卒論がバウムテスト。老人のものを。
神田橋　何年のことなのか覚えていらっしゃいますか？　いつの話なのか全然わからなくなったんですが。
森　卒論が一九八一年。
一同　八一年?!
長沼　知能検査と組み合わせた修論を書かれた？
森　修論が八五年かな？
宮本　ここに精神保健学教室の年報を持ってきましたが、それによると森先生の修士論文は八四年度で、タイトルは「難聴児の知能とパーソナリティについて」だそうです。
黒沢　私、東大の資料室で読みましたけど、なんて強迫的な奴なんだと（笑）。くどいというか強迫的ですね。
長沼　（笑）元永先生の手紙の続きを読みます。

当時我々院生同期は、将来どうやって食べていくのか、とても不安になっていた。対人援助職としての資格がない中、研究者としてやっていくのか、それとも無資格のワーカーとしてやっていくのか、アイデンティティが定まらなかった。森先生にそのことを問うと、自分は奥さんを養うためにタクシーの運転手でも何でもやると、今からすると赤面するような発言をされて、当時の我々はすごい覚悟だと感心していた。

長沼　本当ですか。
森　覚えてません。
一同　（笑）
神田橋　先生に出会ったのは一九八八年ぐらいで、もうその頃には、そんな雰囲気ではなくなってた。
長沼　では、続きを。

森先生のロールシャッハの腕前を見て、とある先輩が「これで食っていけますね」といった話をされていたのを覚えている。

森先生や影山先生は、八丈島の患者疫学調査に中心的な形で参加し、この調査結果をまとめて博士論文にすることになる。この調査で患者の診断をつけるにあたって、ＤＳＭ-Ⅲを英文で読み込み勉強することになった。東大精神科からは宮内勝先生や安西信雄先生、原田誠一先生、佐々木司先生など、そうそうたる医師メンバーが参加していたが、その面々と同等に渡り合う姿が印象的だった。

ちなみにＤＳＭ‐Ⅲの英文の勉強会は、後に述べる駿台予備学校での勉強合宿でも行われることになるが、その際にひなびた温泉地でやりたいという我々の無謀な提案に、それなら奥鬼怒温泉の加仁湯（または八丁の湯？）がいいとすぐに答えが返ってきた。実は全国の温泉を巡っていた温泉フリークであることもその時に明らかになって、この人はどれだけ得意領域があるのかととても驚いた。

長沼　ということですが、今でも温泉はよく……？

森　そうね。

長沼　学会のたびに温泉つきのビジネスホテルチェーン「ドーミーイン」に泊まっているという印象はありますが。

八丈島の調査を博士論文にするにあたって、同期の影山先生がさっと仕上げたのに対して、森先生はタバコをふかすばかりでなかなか取り組まなかった。「どうするんですか」と聞いても「考えているんだよ」と言った風であった。ところが一年ほど考えて、精神分裂病（統合失調症）の有病率調査と受診率調査をやる、と決断し、それからの行動は熱心だった。歴史ある八丈島疫学調査の王道を行く内容であり、さすが本質をついていると思った。（しかしその博士論文は、投稿されなかったのではという気もしますが、どうなのでしょう？）

長沼　何年ごろですか。まとめられたのは。

森　博士をとったのが、平成四年？

宮本　いやいや一九九一年。
森　平成何年だ？
宮本　平成三年。
森　ブリーフの学会を作ったときだったんだよね。
神田橋　あの時まで、論文出てなかったですか!?
森　そう。
森（美）　ちょっとびっくり。
菊池　びっくりなんですか。およそやってる雰囲気もなかったけど。
長沼　これは、先生ご自身で調査に行かれて？　訪問調査とか。
森　みんな使ったさ。
長沼　みんな使って。みなさん使われて（笑）
森　みんな使ったよ。原田誠一先生とか金生由紀子先生とか。精神保健センター行って、昔からのカルテを参照した。コピーできない。守秘義務があって。だから手書きで必要なデータを参考にした。
宮本　博論のタイトルに「昭和十五年東大調査を起点として」って書いてあります。昭和十五年のカルテから調査して。
一同　すごーい。
森　その頃のは、ドイツ語だし。
長沼　そうですよね。
森　めっちゃ勉強になった。

中野　その当時だから手書きでしょ？
森（美）　しかも汚いミミズの字みたいな（笑）。
森　それをみんなで診断。ＤＳＭ使ったらこれは何になるって、診断を一人ひとりつけて、大変な作業。すごく力がついた。その結果、貴重な知見が見られた。
長沼　どんなのだったんですか。
森　長期予後が把握できた。当然、亡くなった方もいる。最初は薬物療法が始まる前だった。その結果わかったんだけど、薬物療法が入る前と後で治癒率に変化がない。（薬物を入れると）途中の経過はもちろん軽くなっている。でも人生における治癒に至る割合は変わらない
菊池　めちゃくちゃ重要ですよ。
長沼　精神障害の自然経過って、国家試験に出るくらい重要な研究じゃないですか。
宮本　そういう大事な知見があそこにあるんですね
菊池　その後の引き続きの調査を誰かにやってもらったら合わせて出版ができるんじゃない？

八丈島のこの調査が、月一回の巡回診療で東大外来の医師と精神衛生の院生がワーカーとして八丈島に訪れる活動に発展した。

長沼　今でも続いてるんですか？
森　今も毎週行ってます。
中野　毎週になったんですか？

宮本　大変みたいですよ、回すのもね。
森　今は松沢病院と日本医科大学。
中野　変わったんですね。
森　八丈島町立病院が日本医科大学関係の方が多いから。手紙、読んでよ。

この活動の中で森先生も我々院生も、東大精神科の見立てや処方の仕方などをずいぶんと勉強した。特に宮内勝先生の精神分裂病への面接はすばらしいものであった。余計なことはしない、受動型と自己啓発型の見分け方、自己啓発型の人にはアドバイスするのではなく、まず本人の意向でやらせてみて失敗した時が介入のポイント、といったことを徹底していた。森先生は、尊敬する臨床家として宮内先生を挙げているということを、ずっと後になって知った。

長沼　長らくＫＩＤＳカウンセリングシステムでも宮内先生の書かれた『分裂病と個人面接』（金剛出版）＝を紹介していましたね。
森　私は師匠はいないんだけど、あえて挙げるとすれば、宮内先生かなと。宮内先生から学んだことは、すごくたくさんあります。ていうか基礎。統合失調症臨床の基礎を学んだ。
長沼　皆さんも宮内先生の臨床をご覧になりました？　私は一回だけお会いしましたが、宮内先生の周りは音がない雰囲気で、こんな寡黙な先生なんだって印象深いです。
中野　素晴らしかったですね。
菊池　鞄を少しも揺らさずに足だけ動かして歩いてる姿が、遠くからでも宮内先生だなってわかるっていう。

森　宮内先生はブリーフの学会でも呼んだし、日本エリクソンクラブで精神医学の講座っていうのをやってて、実はそこのコースでもお願いしてて。

長沼　ブリーフ的なんですね。宮内先生はご自身の書いている書籍でも相互作用的な説明されていますよね。相手と自分との関係で……みたいな感じで。

山村　八丈島の患者さんで「私、治ったんでもう薬はいりません」って必ず言う人がいた。その人に対して若いドクターが「そうはいってもね、保険みたいなものですしね」ってなんか余分なこと言って、どんどん余計に怒るんだけど、宮内先生がそれを「いつもの出しとくね」って言ったら「ありがとうございます」って嬉しそうに帰って行かれる。

一同　（笑）

山村　「あれー」って。いらないって言ったのにって。こちらも記録を書いていってるからね、拒薬の傾向ありって。何が起こったんだろって。

中野　宮内先生は往診がすごかったよね。ゴミ屋敷があって。当時四十歳ぐらいのお嬢さんがご本人、拒食症でガリガリで、お母さんも八十歳くらいでその二人がゴミ屋敷のおうちで。どうぞというんですけど、座るとこがないんです。でも先生はためらいなくぱっと座って。どこからかお餅とお茶を出してくれる。お餅ってこれ、もとは白かったんじゃないか。

一同　（笑）

中野　どうするかなと、思ったら、宮内先生はためらいなく食べるし。お茶も全然洗っていないようなコップでもためらいなく飲む。で、そうなると横にいる私も飲まないといけなくて。で、血圧を計って入院するかどうかって。さすがにそのまま患者も動く他ない。で、病院に帰って、「あの時よく食べましたね」って言ったら、「食べることが治療なんだ」と言われたことが印象的でした。あんなのってありえないですよね。

山村　我々のための治療かもしれない。

森　往診面白かったよね

中野　面白かったですね、生活そのもの、生活臨床そのもの。

山村　元永先生ぐらいですかね、石を投げられた経験があるのは……。「とりゃあ」って。

森　宮内先生は、エリクソンクラブの講師をお願いしたいって、先生のところに行ったらちょっと照れたような感じで、「いや、たぶん世の中の人は、『宮内は精神療法をやってるんだ』って言ったらみんな笑うんだろうけどね。でも俺は精神療法をやっているつもりなんだ」って言って。「だから、講師を引き受けさせてもらうね」と仰ったのがすごく印象的だった。そこに、濱田恭子（編集部注＝カウンセラー。日本マインドワーク協会代表理事）が大阪からわざわざ通ってきてたんだよね。で、彼女は自分のやった面接のクライエントが統合失調症だと知らなかった。

菊池　統合失調症の患者さんだと知らなった？

森　そう、知識がないから、当時は。統合失調症っぽいなぁという方。で、濱田さんの面談の逐語を聞いた。やってることはふつうにソリューション。例外見つけてコンプリメント。徹底的にそれオンリー。で、宮内先生がそれ聞いて、「いや、うまいね。俺でもこれはちょっとできないよ。これはなかなかできない。どこかで勉強したのかな？」って言われて。濱田さんは「ソリューション・フォーカスト・アプローチっていうのがあるんだけれど、それだけです。で大体そもそもその患者さんは何者なのか、って実は私もわからないんです」って。すると、（宮内先生の口真似で）「いや、これは統合失調症でしょう」って。それを面接の中でみることができて、宮内先生が手放しで褒められた。それがすごく印象的だった。

菊池　あれほど、ずっと素でいられる人も珍しかった。中野さんから聞いたんですが、宮内先生があるとき、雪が降った後に一緒に電車に乗っていたら、宮内先生が外を見て「あれは塩かね」って言ったらしいです。「いや……塩じゃない。雪じゃないでしょうか」って中野さんは答えて、そのあとなんて言っていいかわからなくなったって。あまりにも、「えー？」と思って忘れられなくて。あれ以来、溶け残った雪を見るたびに「塩かね」って言うことを思い出して。

一同　（笑）

菊池　ないだろう、普通って。でも、ぱって思ったことをそのまま仰って。

中野　真顔で仰るからね。冗談か区別がつかない。

森　笠井清登先生（現東大精神科の主任教授）が、前にうちの（精神保健学）教室で喋られたことがあって、自分がいかに精神科医としてダメだったかみたいに話してたじゃん。一番最初にうちの教室に来て、オメガ3オイルの話をしてくださった時。

宮本　私、それ全然覚えてないですけど。

森　いや、教育をとるか研究をとるかとか言ってたこと、覚えてない？　笠井先生が赴任されてすぐだけど。土居健郎先生の会が終わった後ぐらい。その時に、どっちかっていうとその当時は、今でもそうだけど、笠井先生は細胞の方をやっていて。いわゆる臨床っていうのをちゃんとっていうかそれをメインにやっているわけではなくて、でいま東大病院に戻ってきて臨床やって、上手くいかなかった統合失調症の若い女性のケースとか話してらして「こんなことは宮内先生に教わったじゃないのか、何やってんだ俺は」とかそんなお話をされて。その時に宮内先生の名前が出たのが、とてもうれしくて。

宮本　今も精神科の医局の先生って、よく宮内先生の名前がでてますよね。

長沼　東大デイホスピタルのパンフにも必ず載ってますしね、宮内先生のお名前が。……では、続きを読ませていただきます。

駿台予備学校

駿台予備学校の仕事も教室に持ちこまれていた。これは当教室を修士で辞めて東北大学医学部に入り直し、当時研修医二年目で東大分院に戻っていた早川東作先生が佐々木雄司先生に協力を要請してきたという話だった。当時助手だった熊倉伸宏先生、森俊夫先生、影山隆之先生、そして、私がカウンセラーとして参加した。駿台のスタッフと森先生を含め、何度も飲みに行ったが、その時に森先生が、「駿台の部長は、個人の支援だけではなく、予備校生全体を対象にしている、そのための体制つくりが大事だと言っていた。彼は素晴らしい」と珍しく熱く語っていたことを覚えています。その時に個別面談だけではなく、コミュニティすべてを対象とするさまざまな活動を展開し、そのシステムを構築するといったコミュニティ支援の考え方が形成されていた。

長沼　さて、この後、元永先生の手紙は、ブリーフの話に向かうんですけど駿台関係者の方どれぐらいいらっしゃいますか。森先生は、駿台でどうだったんですか？

菊池　私が陪席しにいったとき……どうだったか……。なんか来る人ごとに自分を変えたりしていて、怪しいというか。っていうか、私は、もう自分は無理だしこういうのと思って落ち込んだ。

長沼　そんなに変わっていたんですか？

菊池　舞台にしている感じなんだろうなって。迎え入れるときの雰囲気が。

森（美）　私も陪席して、すごいなんか……。
森　ゴージャス。面接室が校長室だから。
菊池　大きい部屋だったからね。
森（美）　神棚があるような部屋で。
菊池　神棚なんてありました？
中野　あったあった。今はもうないけどね。学園長室だったところだからね。
菊池　学園長室！　大きなソファがあって。
森（美）　そうそう、すごかったんだよねぇ。私が印象に残っているのは、やっぱり学生さんくる前に、ちょっと緊張するじゃないですか。で、それを待っている時の、間？　やっぱりこれは舞台の始まる前の？
菊池　そう、なんか入っていくゾーンがある感じ。
森（美）　それをすごい覚えていて。そのあと先生がやっていることはちょっと忘れちゃった（笑）。
神田橋　私は、大学院入って、それまで理学部で全然違うことやっていて、動物観察したくてそこから発展して人間観察したいと思って。じゃあ人間もって、佐々木雄司先生にこの教室を受けたいと言ったら受けさせてくれて。決まった直後くらいに森先生に呼ばれて。私はその時、理学部の対抗戦でバレーボールかなんかやっていてスウェット姿の汗かいたままの恰好で約束の時間に行って、開口一番、もうこんな恰好ですみませんと言ったら、先生が返す言葉で、僕もこんな恰好ですみませんっておっしゃったことが、すごく良く覚えています。私は動物行動学の続きみたいな感じで入ったのに、「あなたには四月から駿台で働いてもらいます」って。今まで人生の中で、カウンセラーやりたいと思ったことなんてこれっぽっちもなくて、想像したことさえこれっぽっちもなくて、びっくりしちゃって。で、いきなり聖路加国際病院に叩き込まれたんです。聖路加ですよ。だから私、みなさんの話を聞いてうらやましいと思ったのが、先生の陪席していたことで、私は先生に陪席させてもらったことがほとんどなくて、ほとんど聖路加に育てられて、駿台が始まったら、全件を報告する形で先生にスーパーバイザーしていただいたという経過だったので、私が森先生が働いている姿をみたのは月に一回の駿台のあの職員の人たちもいる会議で……。

中野　定例会ですね。

神田橋　私は何も知らないままいきなり入っていきなりその仕事だったので、当然のように職員の人もいる、クラス担任の人もいる、カウンセラーもいるし、医者もいる、関係者みんな集まっている状態で、この生徒さんどうしようって話し合いをするのが当たり前だという感覚で育てられました。それが当たり前というのは大いなる勘違いであることは後でわかったんですが。

長沼　どうだったですか。私は森先生がいない定例会しか知らないので。

菊池　え、いないいないなんてどうして？

長沼　いなくなってからですから、私が駿台に入ったのは。

中野　先生が辞められたんですよね。

森　辞めた。

宮本　なんで辞めたんですか。

森　（言いづらそうに黙る）

一同　（笑）

中野　（冗談めかして）色がつかなかったんですよね。

森　それはそうなんだけど（笑）、まあ忙しくなって。

菊池　ＫＩＤＳをやってたんでしたっけ？
森　ＫＩＤＳはまだ。
中野　最後は何年前になりますかね。
森　たぶん平成一年か二年に辞めていると思う。
長沼　博論書きあげるより前にお辞めになったんですか。
森　そうそう。
菊池　あれ、そんな前じゃなかったような気がする。もうちょっと後のようなの気がする。
神田橋　私、長女を生んだのが九四年で、九四年ぎりぎりまで働いて、その時まだ先生いらっしゃったから。
黒沢　私も大宮校に行ったことあります。
森　そうかそうか。もうちょい後か。
長沼　九四年だと平成七年ですよね。
森　だから一九九五年、四年か五年。
中野　九五年ぐらいですかね。
森　そうかな。
森（美）　今は定例会、全然雰囲気違うよね。あのころはすごい良かったなぁって。
菊池　今は違うの？
森（美）　今は（笑）。いやあの時すごすぎたなと思って。
長沼　どんな感じだったんですか、当時？
森（美）　緊迫してたね。

長沼　緊迫？

中野　だって精神科のドクターが熊倉伸宏先生と奥村雄介先生と早川東作先生ともう一人……。

森　岡留美子先生。大阪の岡先生が、駿台のチューターだった。

菊池　そうでしたっけ。

森　磯貝希久子先生（編集部注＝福岡で活躍するブリーフセラピスト。インスーを招いたり、翻訳を行うなど、黎明期からソリューションを支えた）も福岡校やってて。

菊池　覚えています。

長沼　みんな駿台の定例会議にですか。

中野　年度初めには全校舎から集まってくる。

長沼　そんなにいっぱいドクターがいた時期。じゃあ怖かったんですか。

森　いやあ怖くはない。緊迫はしてた。

菊池　怖かったですよ。なんか言っちゃって気分を害したらと。

森　（美）喧嘩してましたよねぇ。

森　私と熊倉先生が主に喧嘩していた。

菊池　発表者を差し置いて。

一同　（笑）

神田橋　私が知っている限りでは喧嘩していなかったように思うんですけど。してました？

森　表面的には、じゃあ喧嘩しているようには見えなかった。

森　（美）いや見えている人もいる。

山村　そういう感じはあるわな。事例を出したら、ふつう自分がなんか言われるんだけれども、それをほったらかして二人でなんかやってて、おいおい、そう持っていくのかいみたいな。
長沼　出した人も見てる感じですか。
山村　出した人も見てる。機嫌悪かったのかなぁみたいな（笑）。
神田橋　その時は、私の定例会のイメージは、主に職員の方がどうすればいいかをつかめるようにするための会議で、そういうふうにみんな、職員の方がね、ほっとした顔で毎回終わったかな、という印象しかない。
森　ああ、全体的にはね。個人的には私と熊倉先生が一番仲悪かった。
中野　最初の頃はそうだった。森先生が司会されてたんですよね、定例会。違いましたっけ。
森　司会だったかなあ。
中野　元永さんが、前って定例会の司会って森先生だったたって聞きました。
中野　確か、初期の頃はそうだったって。初めの方は森先生が定例会の司会で、熊倉先生とかがいろいろこう仰ってる。定例会に最初行ったのは、学部四年生だったんで、怖かったですよ。
菊池　学部四年は早いじゃん。
中野　駿台にカウンセラーとして入ったのは、修士課程に入ってからだから。
神田橋　定例会がそういう風にみんな同じ横並びでやるっていう感じだったので、ドクターが上、カウンセラーが下でとかっていう感覚は当時から全くないまま育ちました。それはすごいありがたいことです。
中野　当時からしたら画期的なことでしたよね。
菊池　そう、多職種とか言い出す前ですしね。
神田橋　つい最近社会福祉士のテストこの間受けたんですけど。初めて教科書を読んで「あ、今さらこんなこと勉強しているんだ！」と思ってびっくりしたの。

菊池　逆に「知ってるの？」みたいな。

長沼　でも福祉の教科書が変わったのさえ、だいぶ最近ですよ。

菊池　心理は部屋でじっとしてなかった？　昔は。

中野　だから今それ心配してるの（駿台の）小岩井和光さん。盛んにそれを若手に伝えてる。

一同　へえー。

中野　小岩井さんがまたカウンセリング担当として戻ってこられて。当時から精神科医と臨床心理士と我々職員といろんな人が、同じテーブルについて議論している。スクールカウンセラーより早い段階からやっていて、それが駿台の伝統で、それを今盛んに言わないと、若手に伝わっていかないから。

菊池　若手こそ、そういう風に習って出て来てないのかな？　学校で机上の空論でも習ってこないのかなあ。

長沼　でも、私は、駿台の「ネットワーク・ミーティング」を何のためにやってるのかというのを体でわかったのは大分後です。とりあえずやるもんだと言われてとりあえずやる。フォローアップ・ミーティングがあるからやってねって言われて、だからやる。でも何のためのフォローアップなのかってところまでは腑に落ちてないまま。で、これがなかったらどうだろう……と考えられるようになって初めて「これ大事だ」っていうのがわかってくるって、そういう感じだったので。やっぱり教えるって別の話だなと思う。だから駿台で仕事してた時に「コミュニティをどう作っていくのか考えられて、こうなっていた」というのが全然気付かないままでやっていた。

一同　（頷く声）

菊池　まあ、私もなんとなく。こういうもんなんだって思ってやってた。

森（美）　みんなどこもそうなんだって。

中野　山本和郎先生がいらした頃です。それより前に佐々木雄司先生がね、コミュニティ・メンタルヘルスと仰った。
森　皆さんはそうかもしれないけどね。でも我々側としては、ああいうものを「作ろう」と思ってあの活動やってた。
中野　ああ、そうですよね。
菊池　なかったところから作るからね。
中野　今入ってくると、あれもこれもやらなくちゃいけないので、嫌だ嫌だと言う若手が多くて。講演できませんと言って、二年目ぐらいにぱっと辞めたのが何人かいて。
菊池　辞めるって選択肢があったんだ……。
一同　（笑）
中野　途中で辞めるなら中退だって言ってね。
菊池　講演はつらかった……！　最初、私は森さんの言ったこと一言一句同じように言った覚えがある。
長沼　私も頂きました。森先生から「なんてしゃべるんですか」って。
菊池　そう！　同じ同じ。一言一句そのまんま。どうしていいかわかんないし、人前に立つのもいやだし。
森（美）　いまだに保護者相手の講演をすると「危険なコミュニケーションとは」とか言って森先生のネタをやる（笑）。
中野　「主役と名脇役も」って奴も。主役は本人、親は名脇役に、ってね。
森　あれは元永ネタ。「主役と名脇役」はね。
神田橋　私、今気が付いたんですけど。自分に今子どもが四人いて、受験生が次々にいるんですけど。「名脇役」というのは、なんとなく感覚でわかります。知らず知らずに教わったことを子どもにフィードバックしている気がする。

長沼　じゃ続き読みますね。

エリクソン財団へ

さて、このような支援状況が始まるようになり、我々はどのような理論に基づいて何をするのかについて議論した。そして、森先生を中心としていろんな心理療法を調べて発表しようと自主的な勉強会が持たれた。森先生と精神分析関係、ロジャーズの著作、行動療法などさまざまなものを読んだが、今一つしっくりこないという状況であった。そんなある日、当時日本に留学していた金有淑さん、後の韓国家族療法学会の理事長がなにげなく本棚においていたＪ・ヘイリーの「戦略的心理療法」の本を森先生は見つけ、それを院生有志で恒例になっていたスキー合宿（場所は森先生の奥さんの実家の別荘）まで持って行って、我々が騒いでる間、森先生はずっと読んでいた。そして、これはすごいという話になった。早速、その話をみんなで共有したところヘイリーの師匠であるミルトン・エリクソンが素晴らしいらしい。エリクソン財団がフェニックスにあるからそこへみんなで行ってみないかという話になり、メニンガー・クリニックの高橋哲郎先生のところにもついでに行こうということで米国ツアーを企画した。当時まだ小さかったＨＩＳに行って、かなり交渉して森先生、山村先生、菊池先生、そして私のチケットをとったことを思い出す。この旅行にはさまざまな思い出があるが、山村先生、菊池先生が語ってくれると思う。

一同　（笑）
長沼　では、お願いします。
神田橋　何年ですか？
森　一九九〇年？
森（美）　伝説のあの旅行。
山村　四人が行こうという話になって、同窓会の時に土居先生がお越しになるから、土居先生に話を通していただく必要があるんじゃないか と言って。てっきり森先生が自分でいうのかと思いきや、じゃんけんをすると。
一同　（笑）
山村　ええっ!?　なんでじゃんけんするんだよ!? って。
一同　（爆笑）
山村　で、私が負けて、行ったの。スミマセンって。土居先生は話を聞いてくださって、「いってらっしゃい」「よろしくお願いします」って。森先生に伝えたら「ああ良かったね」って。それで行ったんですよね。
長沼　何日ぐらい？
菊池　一週間ぐらい行っていたようなイメージがある。
森　一週間。
菊池　なんかもういきなり「行く」ということから、途中から参加したような。その経緯は全然知らないです。
山村　もうね、たぶん、英語はできるからと。
菊池　あの時は今ほど喋れなかったんで。辛かったんですけど……。

山村　レベルの問題ってあるからね？（笑）
宮本　修士何年目くらいで？
菊池　入ったその年の夏に行ったんですよね。
長沼　M１の夏で三人先輩つれて通訳ですか？
菊池　通訳はできなかったけど、言っていることはわかるので。あの頃でももう。だからたぶん、それを言ったんでしょうね。
山村　なんで菊池さんがいたのかは、ぼくはちょっとよくわからない……。
菊池　私は入ったばかりで。イメージ的には精神分析とかそういうこと勉強するのかなーと思ったら全然違うもので。
山村　エリクソン財団のギアリーさん、ギアリーさんが空港に迎えに行くから待っててくださいって言うんで。来たら、真っ赤なスポーツカーで来てね。無理しても三人しか乗れないような。俺が運転するから二人だって言われて。これもまたじゃんけんで。二人残って。
長沼　残った二人は？
山村　残った二人はずっと待ってるんです。
一同　えー!?
菊池　ああそうでしたっけ、もう一回迎えに来たんでしたっけ？
山村　もう一回迎えに来て下さって。たぶんそれ私と元永。
菊池　真っ金髪の背の高いライオンみたいな頭の人で。
山村　いわゆる精神療法家のイメージがスクラップ・アンド・ビルドした瞬間だった（笑）。

長沼　先生は何が印象的ですか？　その時の旅では。
森　グランドキャニオン。
菊池　グランドキャニオンは覚えてます。ロバに乗りましたよね。
森　そうだっけ？
菊池　そのことは覚えてる。グランドキャニオン！と思ってちょっと嬉しくなって。他の場面では時差ボケで私はぐーぐー寝てて。申しわけないぐらいに寝まくってたんですけど。あそこで降りて行く段階になったら三人へばってて。意外と私は体力あるじゃんと思って……。
山村　運転とかしてたんじゃないですか、我々は。ずーっと乗せたまま。
菊池　行きましたねえ、グランドキャニオン。綺麗でしたね。
山村　そっちの方が記憶に残っているとは。
長沼　まさかそこ、みたいな。
宮本　メニンガーに行くときは、当時だとＦＡＸとかでやりとりするんですか？　行きまーすとか。それとも手紙？
森　なんだっけ。
山村　土居先生が手紙を書いてくださって。
宮本　土居先生が！
山村　それで、お返事は土居先生のとこに返って来たと思うんですけど。
宮本　ああー。じゃあ、「空港に迎えに行ってあげるよ」みたいなお手紙が。
山村　ああ。それは、あのメニンガーじゃなくて。

菊池　エリクソン財団が。
宮本　ああ、そっかそっか。
長沼　それは森先生がご依頼状を書かれた？
森　……たぶん。
長沼　（笑）この、間はなんでしょうかね。
山村　あまり記憶してないね。
菊池　カンザス州でしたよね。およそなんのイメージもない州だなあって思った覚えが。
山村　プールに入ったとか、ドーナツが甘かったとかそういうのは覚えてるんだけど。
菊池　確かに！　なんで食べ物をハイライトとして覚えてるんだろう。大きなステーキとか。
山村　脂身食べる食べないで揉めたんですよね。
長沼　覚えてるんですか、森先生も。
森　大学も行ったじゃん、ロサンゼルスの。
菊池　あれ荒井良直さんでしたっけ。荒井さんのお家に泊まりましたよね、確か。あの人は精神衛生学教室なんですか？
森　じゃない？
山村　もともとは精神衛生。僕の同級生で、ＩＣＵを出てから東大に入りなおして。保健学科に来て、同級生で、精神衛生で卒論とった人。卒研のテーマはあの相撲取りの飲酒摂取。有意に量が違うって言うのと、あとキログラム単位に直すと差がなくなるというのをやって。今、ナースプラクティショナーとしてロスで活躍しておられます。

ブリーフとの出会い

長沼　……では、続きに入りたいと思います。九〇年代ブリーフの出会いというところまで来たところから、また元永先生のお手紙で時間順に確認していきたいと思います。

で、このエリクソン財団のことを紹介してもらえる先生を神田橋條治先生に聞いたところから宮田敬一先生を紹介してくれて、宮田先生の取り計らいでエリクソン財団のヘイリーやギアリーとつながることになった。このご縁で宮田先生から短期で効果的な心理療法を研究をするための学会を作りたいので参加してほしいと声がかかって、森先生も中心メンバーとなり参加することとなる。この関わりについては割愛するが、いつくかエピソードを記したい。第一回のブリーフサイコセラピー学会の大会は、長野で開催された。

長沼　これ研究会の時ですかね？

森　研究会時代だね。

その時、鉅鹿健吉先生や早川東作先生など、ブリーフと接点のない教室メンバーも参加した。その時に鉅鹿先生が東京農工大を辞めるという話をして早川先生がその後をという話になり、実際早川先生は東京農工大の准教授として赴任することになる。

後、第２回のブリーフサイコセラピー…

森　なんで元永はそんなことわざわざ書いてるのか。

長沼　……ご縁？

森　というと、実は、裏話があって。最初は私のところに話が来た。鉅鹿先生が、私を後任にしようとしてた。なんだけど、大学側との折衝でやっぱり医者じゃないとちょっとセンター長はだめだっていう話で早川先生に。

菊池　なるほど。

森　ちょうど私も就職の時期で。なので、いろんな方々が動いてくださった。私は何も動いてない。

一同　（笑）

森　周りがいろいろ心配してくれて。

中野　そこで記念写真を撮りましたよね。写真館で。鉅鹿健吉先生が撮ろうと言って、写真館に入って。

長沼　え。写真館？

中野　持っていますけどね、たぶん

長沼　今度見せて下さい。で、続きです。

後、第二回のブリーフサイコセラピー学会は東大の山上会館で森先生が大会長で行うことに決まった。この大会は、少人数で行わざるをえなくなり、山村先生が当時としては、珍しいフリーハンドのトランシーバーをレンタルしてきて、それを駆使して、菊池先生、中野先生、徳丸由香先生、私で奮闘した。

森　五人でやったんだ。
菊池　しかも、私が通訳やら翻訳のことばかりやってたから、実質、四人でやってたんです。
長沼　結構外国の先生呼んだんですよね。
中野　Ｍ２だったんですよ。修論を書かなくちゃいけなくて、担当が会計だったのでお金が大丈夫か大丈夫かって全部聞かれて。その経験が今の学会の仕事に生きてますけども。
山村　トランシーバー凄かったですよね。こう、ヘッドセットつけて、音でオンになるっていうヤツを借りて。だって四人だから。四人で会場四つくらいだし……。
宮本　どうしてそういうことになったんですか。
山村　わからないです。
中野　人がいないから、連絡のために走らせるわけにはいかないので。
山村　山上会館の方、窓際向かって一人でトランシーバーしゃべったりして、後ろから見たら、「…‼」ってなりますよ、「大丈夫大丈夫それはこうして」とかって言ってるんだから。
中野　それをやろうといったのは、スキーに行くときに車二台の間でトランシーバーで連絡してて、これは使えると。当時ケータイがないからね。
森（美）　そういうことか、経験があったんですね。元々。
山村　そういう、鬼気迫るなかでやって。それで、森先生が当時としては珍しく最後のあいさつでちょっとこう、涙ぐまれた。それを見て、……我々は崩れ落ちる。疲れたー！
長沼　何人ぐらい参加されたんですか。

森　百人、超えてた？
山村　いやいや、二百人行ってたと思いますよ。
森　そうだっけ？
山村　記憶あるんですよ、二百人規模の学会が四人でできるんだっていうのが。
長沼　手紙です。

それを見ていたブリーフの会員たちも、トランシーバーを駆使するなどさすが東大学会だと変な部分で感心された。その大会で宮内先生が患者さんとのやりとりをテープで録音したものを持ち込んでくださり、啓発型の患者さんへの面接方法について具体的に説明したのがすばらしい内容であった。

中野　学会での話は、全然聞けなかった。聞いていらっしゃいますか？
菊池　私も聞いた覚え、ないなあ。
長沼　ここにいる人は知る由もないと。
森（美）　もったいない。
長沼　つまり宮内先生のことは、元永先生の担当の部屋だったということですよね。
森　まあそうかもね。
長沼　反響とかはどうだったんですか？
森　宮内先生、あまり反響はなかったね。

菊池　統合失調症に接している人が少ないからね。
山村　精神療法をまだ統合失調症に対してそんなにやっている人は、当時はいないかなと。
菊池　禁忌だったからね、まだね。
森（美）心理療法禁忌時代、そうかもねぇ。
森　私は、大野裕先生。当時、慶応の。認知療法の担当の部屋だった。
菊池　あ、大野先生いらしたんですか？　全然覚えていないわ。
宮本　どうだったんですか。
森　よかったよ。「認知療法っていうのは、すべて心理療法の基礎だ」っていって私が紹介した。
黒沢　そんなことは覚えてるのね。
森　大野先生が、「いやもう、そう仰っていただいて。そうなんです」って。元気よく。大野先生自身もブリーフなんて学会で、わけわからないでしょ。学会に呼ばれて来ていきなり喋んなきゃいけない。だからすごい不安そうに最初はしてらしてね。宮内先生は一応東大の中の人だからね、それなりにわけのわからない学会への違和感も感じつつも、ね。
中野　経緯が？
森　いや別に経緯なんかないよ。単にブリーフの学会はそういう学会で、こだわりがない、こういうコンセプトだから。
中野　大野先生に声かけたのは誰だったんですか？
森　私が電話をかけた。そういうときにやっぱり東大の名前って強いよね。
一同　（笑）

長沼　元永先生の続きですが……。

翻　訳

ロールシャッハテストや八丈島の疫学調査もそうだが、森先生ははっきりしていること、明確に数字で表されることを好んだ。心理療法への姿勢も、基本的にはわかりやすいこと、そして目に見える効果が表れることを重視した。その結果のためには、どのような手段でもとは言わないが、思い切ったことに臨床家は挑戦すべきだという方向性があると思う。ブリーフサイコセラピーのわかりやすく効果的でしかも短くというのは、森先生の気性にもよく合っていたと思う。森先生は自分の短気さを充分知って気をつけているのだと思うが、普段はにこにこしていてその姿をおくびにも出さないが、カレーは嫌い（単調で飽きるから）など好き嫌いに対する態度は明確。一方ラーメンは好きだそうで、その理由も明確なものを述べていたが忘れてしまった。あまり曖昧なままに物事の理解をすまさない厳しいところもあった。そのことがアカデミックな投稿論文を書けないということにつながっていくのだが……。

黒沢　元永先生らしい優しい書き方だね（笑）。

コミュニティへの介入について、それをどう数字にしてはっきり示すかということも、よく議論になった。その点は我々精神衛生の教室のアイデンティティにもかかわる重大事項であったが、ある日当時の教室の准教授である大島巌先生が、ロッシの *Evaluation* の本を見つけてきた。我々はそれをむさぼるように読み、時には森先生のご両親が移住した軽井沢の近くの御代田のお家に合宿して皆で輪読した。その本が米国の気鋭の学者が書く名著の教科書と同じく、版を重ねるごとに内容が洗練され、ついにこれが完成形だという感じがする第七版に至ったとき、いよいよ翻訳しようということとなった。黒沢幸子先生や長沼葉月先生も翻訳に参加した。

このときの森先生のコーディネートはすばらしかった。大島先生もとても細かな先生だが、森先生の専門用語の訳語の統一、言い回しの表現の統一、そのリスト作成などすばらしいものがあった。コミュニティ活動（プログラム）をどう評価するか、メンタルヘルス領域における一つの金字塔として、この訳本は出版された。この理論に基づいてどう活動を評価していくか、具体的な実践の展開が少しずつ進んでいる。

長沼　……ということですが。
森　ここで参加してるのは誰？
菊池　私、参加してない。他人の本は知らない。
森（美）　本も持っていない……。
神田橋　私、昨日Amazonで注文しました。一万円くらいする……。
長沼　輪読されている方は？……いない？　この時先生のそんなに翻訳ノートが大活躍だったんですか。
森　そうね。翻訳好きだからね。
宮本　へー！　好きなんですか？
森　うん。基本的に好き。すげー時間かかるけど。翻訳じゃなくても時間掛かるんだけど。でも好き。この英語を日本語に置き変えたらどういう風にするか。読みやすいのは何か、とかいろいろ考えると楽しい。

菊池　先生の訳、読みやすいですよね。

長沼　森先生翻訳の『ミルトン・エリクソン　子どもと家族を語る』（金剛出版）の時は、訳したフレーズを何回もＫＩＤＳで歩きながら読んで音読して、「これどう思う？」とか言って。すごい細かく検討してらした。手紙、行きます。

他にもさまざまなことを思い出すが、森先生と歩んだ私の大学院時代は、コミュニティ、ＤＳＭ（医学的見立て）、そして効果的なサイコセラピー、というキーワードを中心に展開していたと思う。基本的な私の関心は、これらから発展しているものが多い。今日の私を形作っている血肉のほとんどすべては、大学院時代に醸成されたものであり、森俊夫先生の存在はその中でも大きなものであった。若干……というかほとんど個人的な雑駁な思いの話になりました。

森　はい。ありがとうございまーす。元永先生、お大事に。なんかインフルエンザらしいので。ということです。

一同　（笑）

長沼　最後に元永先生が残してくださったキーワードがＤＳＭ、診断、コミュニティ、効果的なサイコセラピーですね。

神田橋　教室とかで集まって英語をみんなで読んだ記憶があるんですが、あれは何だったんですか？

森　エリクソン関係じゃない？

菊池　エリクソン。ゼミもあって読んだり、もう辛くて辛くて……。

宮本　どういうことですか。週に一回とか集まって、輪読みたいにするんですか？　みんなで翻訳しようみたいな。
長沼　自主的に？
神田橋　エリクソンの面接の逐語をみんなで訳したりしてた。
菊池　エリクソンは読んでましたけどね。翻訳はやったかどうかは覚えてないですけど。
山村　内容は。
菊池　内容はね、こんなふうに介入した、みたいのだった気がする……。
山村　子どもに、催眠で子犬の幻覚を見せてとか。
菊池　亡くなりそうな人にトマトの話を延々とするとか。
中野　研究会でしたよね。外部の先生がいらしていて……。
菊池　そうそう、田中ひな子さんとか。窪田文子さんとか、あと北村文昭さんとか。
宮本　それは院生の方が、自主的にやるんですか？
菊池　誰が何って言うんでもなく……森先生が。
森　私が声かけて。
長沼　うらやましい……。私らの時代はなかったですよね。全然なかったですよねー。
宮本　なかったなかった！
長沼　オフィシャルな授業以外には、森先生のゼミ以外は特になかったので。
宮本　やんなきゃいけなかったのか。企画しなきゃいけなかったんだ！（笑）
長沼　そういうことか！（笑）　発想になかった！

菊池　水曜は森ゼミとか言って集まってましたよね。水曜は全員で集まって。
森　そこからだもんなぁ
長沼　すごいですね。
森　暇だったんだよ、当時は。
菊池　時代ですねぇ。
長沼　暇じゃなくなっちゃったんですね。九九年ごろくらいから。九〇年代の前半ぐらいまでそういう充実した活動をいろいろやっていらっしゃったんですね。
森　まあ、充実したっていうよりは、自分たちでやらないとしょうがなかった。今なら翻訳本なんていっぱいあるじゃんか。だから別に自分たちでしなくても良い。だけど当時は、エリクソンについて何か学ぼうとしたら、自分たちで読まなきゃしょうがないじゃん。
山村　ビデオを見たりもしましたね。ワークショップとかも。

スーパービジョン

長沼　じゃ、次は、酒井佳永さんの手紙を紹介しちゃいます。酒井さんは遅れてきますが。
森　はい。
長沼　で、えーと。手紙の少し最初の方はちょっと飛ばせていただきますが、もし参加できたら森先生とお話したかったことが二つあるということで挙げていただいてます。一つが、スーパービジョンについて、二つ目は集団の生かし方について、ということです。で、一つめ。スーパービジョンについてというところちょっと長いですが、読ませていただきます。

私は二〇一〇年から跡見学園女子大学大学院で臨床心理士の養成に関わっているのですが、赴任して一番苦労したのは、大学院生のSVでした。SVを受けたことはあっても、SVのやり方を教わったことはありません。自分が受けたSVの記憶を頼りに手探りでやっていく中、森先生のSVについて考えることが多くなりました。

私が森先生のSVを受けていたのは、修士一年から博士三年までの五年間で、これが私にとって最初のSV体験でした。森先生のSVはSFA（ソリューション・フォーカスト・アプローチ）的で、「うまくいったことは続けなさい、ダメだったら何か別のことをしなさい」というスタンスであったと思います。でも当時の私はうまくいくことなどほとんどなく、何か別のことをしようにも何も思いつかない、という調子だったので「もっとああしろ、こうしろと指示して下さったらいいのに」と先生を恨めしく思ったこともありました。

しかし不思議なことに三〇～四〇分ほど先生と話して、先生の研究室を出るときには「何とかやっていけそうだ」という気持ちになっていたものです。私がうまくいかない面接について長々と要領を得ないプレゼンテーションをする間、聞いているのか、いないのか判別できない雰囲気で（当時は聞いていないのではないかと思っていました）、たばこを吸っていた先生の姿が今でも目に浮かびます。あの時、先生はどんなことを考えられたのでしょうか？　なぜ私は「何とかやっていけそうだ」という気持ちになれたのでしょうか？

その後、埼玉県の大学病院に就職したため、森先生のSVを受けることはなくなってしまいました。一向に心理療法の腕が上がらない私は、何とかしようと精神分析セミナーに通ったり、認知行動療法の研修会に通ったり、いろいろ迷走していたのですが、その頃にある先生のＳＶを受けることにしました。ここで体験したＳＶは、森先生のＳＶとは大分異なるものでした。面接の逐語記録を細かく検討していただくのですが、私の面接はあまりにもダメな箇所が多すぎて、一時間のＳＶで十五分間分の逐語記録しか検討できないこともよくありました。ＳＶ後、帰宅する道すがら「こんな自分が心理療法をしてよいのだろうか」と考えて涙が出たものです。このＳＶを通じて心理療法において言葉がいかに大切であるか、そして自分がいかに不用意に言葉を使っていたかを理解できたと思います。とても貴重な体験でした。

そして今、私がＳＶをする立場になりました。四年たった今でも、どうＳＶを進めたらよいのか迷いながらやっています。そしてどちらかというと、方法としては二回目のＳＶの影響を大きく受けているように思います。

その理由は、森先生にＳＶを受けていた時、私は未熟すぎたので、森先生がＳＶで何をやっていたのかを整理して理解することができておらず、真似しようにも真似することができないのです。しかし、森先生にしていただいたＳＶで得た「何とかやっていけそうだ」という感覚は初学者の私にとってとても重要であったと思います。そこで初学者にＳＶをすることになった今、森先生にＳＶはどのようになさっているのか、ＳＶで大切にされていることはどんなことかをお聞きしたいと思っています。

……というところで一区切り入れたいと思います。

森　答えればいいのかな。二つめの集団の活かし方については、ブリーフ学会誌で二〇一三年に馬ノ段さんと論文を書いているんで、それ、読んでって感じ（編集部注＝馬ノ段梨乃・森俊夫ほか（二〇一三）復職支援プログラムにおけるブリーフセラピー的手法の活用『ブリーフサイコセラピー研究』第二二巻二五〜三六頁）。

長沼　皆さんのＳＶ体験とかも聞きたいです。この中で森先生のＳＶ受けてる方たくさんいらっしゃると思うんですけど、いかがですか？　どんなイメージでした？

神田橋　私は先ほど言ったように何にも知らなくて、いきなり駿台に入って。で、駿台で全件報告っていう感じで。ＳＶって言葉自体も理解してなかったと思うので、とにかく報告しなきゃと思って報告してたような記憶があります。確かに、足を組まれてちょっと斜めを向いて目を合わせない感じで、タバコを吸いながら話を聞いてらっしゃったような気がします。でも聞いてらっしゃる感じはしましたけど、私は。聞いてるか聞いてないかわかんないようなって感じってあったけど、全部ちゃんと聞いてもらってるっていう。それで、その時はよくわからなかったんですけど、特にしっちゃかめっちゃかになることもなくなんとかこなせてたっていうのは、たぶん上手に誘導されてたんじゃないかなと思うんですけれども……。あと、私が、見てわかるようにどっちかというと能天気なキャラなので。それもあって、気づかなかったのかなって。で、私は、聖路加国際病院の方でも、深澤里子先生に聖路加でのケースは全部見ていただくっていう形だったので。どっちかというと深澤先生の方が厳しいことを仰られましたけど。でも、そんなに涙が出るほどに厳しいことは絶対に仰らないので。どうしてまた、そこでそんな風に思ったの？とかいう風に仰って、私だったらこうするわ、という風にも仰ったりするような感じだったので……。私は恵まれてたんじゃないいかなと。

森　「私はそういう風には、聞かなかった」。どうしてその時そう思ったの？

神田橋　（笑）あー、うーんと……。ふんふんふん、みたいな感じで……。あ、でも聞かれた記憶はありますけど、その後に、そういう具体的なアドバイスじゃなくて、ふうん……みたいな。「なるほど、ふうん」みたいな。良かったのか良くなかったのかなっていう感じだった記憶が。で、その「ふうん」の感じからこのまま行っていいのかまずいのか。でも、もしかしたら私はあんまり遠慮ないので、どうですかってはっきり聞いたのかもしれない。ただ、そういう風に聖路加のケースは聖路加の先生が見て下さいますし、駿台は森先生が見て下さるので、不安はなかったですね。いつでも助けてくれる。誰か助けてくれるという気持ちでやっていたので。今から思えば、何も知らないまま、本当に何にも知らないままいきなり四月からやったので恐ろしいことだったと思います。

長沼　「ふうん」の言い方でこれで良いんだなってことわかるのはすごいですよね。

神田橋　深澤先生は「ふうん」とは言わないですけど（笑）。

菊池　私も同じだったはずだと思うんです。深澤先生が怖くて怖くて。もう今思い出しても怖くて。体もそんなに大きくないし、言う言葉もそんな厳しいこと仰らないんですけど、そういう雰囲気でありながら、ボルボを乗り回すような感じの方で。

一同　（笑）

菊池　何が怖いのかわからないんですけど、とにかく緊張して緊張して……。アドバイスを言われたことも何か抉られるほどのこと言われたことも何もないんですけど。「ストーリーは聞けているの？」とかそういうことをただ言われていただけなんですけど、もうとにかく縮み上がるような。今思い出してもぎゅって気持ちがなるような怖さを感じていました。……尊敬しているけど、怖くて怖くてたまらなくて。で、同時進行で森先生にも受けていて、今の「ふうん」で思い出したんですけど、「ふうん……。んで？」って。「で？」で、こう横向きの、斜めのおでこが前に来るような感じで来られると、言うことはあまりないんだけど何か言わなきゃいけないからって感じで答えると、時間が過ぎたような……。

森　（笑）

菊池　森先生は「自分だったら」という言い方はしないんですけど、「そういう時には……」みたいに『できる介入』をいくつも聞いた気がするんです。けど、ことごとくうまくいかない。技法とかちょっと嬉しかった時代で。でもうまくいかないんです、言われたことが。で、途中からはとにかく言ってることの意味だけとって、後は自分で考えなきゃダメだなって本当に思って。なので、私、キャラなのかよくわかりませんけど、何を教わっても面接室に入ったら私しかいない、と思ってましたね。目の前に人がいるんですけど。いろいろいいこと聞いても使えない訳だから。面接の予約が入ってると、ああ入ってるよ……と思って暗い気持ちになって……。

一同　（爆笑）

神田橋　予約が入ってるの嫌だった、私も。

菊池　あ、ホントに？

長沼　へえー。

山村　菊池さんが院生室で、森先生の言ったことがことごとくうまくいかないと何度も言ってたの覚えてます。

一同　（笑）

山村　言われたとおりにやったってダメに決まってるだろ、みたいな。

菊池　うまくいかないことの、その最たるものが、統合失調症の、初めて統合失調症の方にあったケースで。その方、入院しちゃったんですね。うまくいくも何もなかった、急性期だったなって今ならわかるんですけど、当時はともかく罪悪感に浸った。私の時はとにかくこういう技法がある、こういうやり方があるからって言うだけでしたね。思考記録表もその頃に聞いてたし、行動療法も聞いたのは森先生からなんで。でも、できない。宿題やって来ないし誰も。

山村　僕たちは、森先生と、たとえば『方法としての面接』とか読んでるんですよ。で、いわゆる「分析的な考え方」ってなんだろうという辺りから学んできた。スキー場で先生が読んでいて、その時僕は肉を五キロ食べていた。それがこう、がらんと変わって、色々な技法をこういうときにこうするとかそういう風になった辺りで菊池さんは入ってきた。

菊池　あ、だから。

山村　僕らからすると、そういう、こう、ちょっとした、ちょっと違う理解の上に、技法が乗っかってるっていうイメージがあるんだけど。ここだけ聞いているような印象で受け止めちゃうと……。

菊池　そう、いきなりそこから学んできたんで。

山村　それは言われた通りうまくいかないかなって。

菊池　そう、それで全然わかんなくて。全然うまくいかなかった……。

山村　でも、なんかこう、やらしてみようかという感じもあるから。

一同　（笑）

神田橋　具体的には？

菊池　うーん……不登校の子に何時間目から行くかっていうようなのがあるじゃない。行く／行かないというのは飛ばして、細かい話を取り決めるみたいなやつ（いわゆる「選択肢の幻想」テクニック）。面接で「じゃあ何時間目から行く」って答えてくれるんだけど、次回聞くと、行ってもいない……。「コンフュージョン・テクニックっていうのを使えば前提として相手の中に入るんだ」みたいな話もあったな。まあ、そんなことだけ取り出してやってうまくいくわけもない。

一同　（笑）

菊池　当たり前なんですけど。当時は、言われた通りにやってるのに何もわかんないって思って。
森　確かに、そういう側面もあったと思う。当時は私も新しい技法をon goingで学んでいる時だったんで、他の人にやらせて試してみるというのが確かにあった。「ひどーい」って言われて、「あ、それはだめか」って。
神田橋　私も試されてました？　私は使われた記憶ないんですけど。ないのかしら。
森　うーんと……。入ってきて、夏休みに行ったんだよな。フェニックスのエリクソン財団。
菊池（神田橋さんを指して）一年前に入ったんです。
神田橋　一年前、半年くらい前に入ったんです、私。
森　な。前に入ったんだよな。で、その頃は、まだちゃんとネタが固まっていなかった。
一同（笑）
神田橋（菊池さんを指して）ちょうどネタが固まった頃。
菊池　固まりたてか……！　ちょっと後日談があって。その二年……経たなかったかな、まだSV続いてたかもしれないんですけど。なんか報告しないケースも出てきた。報告して先生から口頭で言われると、自分でごちゃごちゃになりそうな気がする……って報告しなかったり。本当に困ってるなら聞くんですけど。そのうち、逆説処方だのなんだの、いわゆる本に書いてあるものがバシバシ決まるようになってきて、ちょっといい気になって。ところが、次の年ぐらいにちょっと疲れちゃって、普通にちゃんとクライエントのお話を聞こうみたいになっていって。
一同（爆笑）
菊池　ちゃんとお話を聞いても結構よくなるというので、あれは一体なんだったんだろう……って。無駄なことを連発していただけなんじゃないのかみたいな。自己完結。自分だけがやった気になって喜んでいただけなのかなあってちょっと思ったり。なので、あの、思春期ですかね、ＳＶ思春期。ちょっと、こういう状況からそのままじゃ無理だしみたいな。……懐かしいです。

森　じゃ、次は。

中野　そうすると、でも一年下のはずなのに随分違うなと思って。

長沼　違います？

菊池　違うよね。キャラ？

中野　言葉にするとあれだけど、キャラが違うって言うのもあるかも。最初に言われて覚えているのは、まず、カウンセリングって何だろうっていうことを訊かれて。私もちょっと浅はかというか、当時、よく答えたなと覚えてるんですけどね。お節介を上品にしますと言ったら「面白い」と言われて。確か、あの、二階のトイレの前だったかなと。

菊池　きれいだといえない場所で。

中野　一回目のＳＶが終わったときだったか、始まる前だったか……終わったときだと思うんですけど。トイレ行った時に立ち話でそういうこと言われて。したら、自分でもびっくりしましたね。未だに、お節介をしない方がいいと思ったり、覗き見もほどほどにしないとと思ったり。あとは、言われて覚えてるのが「ケースから学べ」。だから私が覚えているのはＭ１でＳＶ受け初めて、Ｍ２の頃はもう受けてなかったんで。半年か十カ月くらいでもういいだろうっていう風に言われた記憶があって。

菊池　なんと……。じゃあ、人によってこう、変えていたと。

中野　そうそう。で、あまり細かい話ってなくて。報告するときに、ほとんど寝てるな……って。

一同　（笑い）

中野　そんな退屈な話してるかな……と思いつつ。いや、朝は確かね、九時半か九時からやってたんで、私はいつも前の日に仕事があった獨協大学の保健センターのケースを持って行くんです。テープ起こしをしてこいと言われていて、あれが大変で。夜中の二時、三時までかかって。朝寝坊していくと、いつも遅れてくるなって怒られて、そこから始まって。萎縮して始まる。

一同　えー!!

菊池　全然違う……。

神田橋　遅刻するなって怒るのが森先生なの？

中野　いや、森先生も遅れてきたりするんですよ。お互い朝、弱いんで。

一同　（笑）

中野　遅れる回数はこっちの方が多かった。で、十五分くらいすると、こう、腕組みながら……。たぶん寝てるなーと思いつつ。寝てるような、わかんなくて。でも、辞める訳にもいかないんでとにかく報告して。やっぱ最後に、「で、どうなった？」とかちょこっとしたことで言われて。特別、技法云々とかの話は全くなかったですね。

一同　へえー……。

中野　まあ、獨協大学の保健センターでやっている時は、月一回、佐々木雄司先生がいらっしゃるオープンの会があって。駿台のケースは、元永先生に毎回全ケース報告してました。で、森先生にはそれ以外の、初期の頃のものを逐語録起こしてきてそれを報告するっていう形。

菊池　全然違う。一年ずつ違うだけで。

中野　テープ起こしは途中で辞めたか挫折したか、もうちょっと苦しいんでできませんと言ったから。テープは全部とってあるんですけどね、まだ。で、終わった後、院生室で、山村先生とか元永先生とか、当時いらした、中国から来られた戴小燕《タイショウエン》さんとかとああだこうだ言って、かなり救われた。だから、酒井さんが五年もかけたっての凄いな、と。

菊池　そう、凄いなあ。

中野　How to よりもケースから学べってのは盛んに言われて。あと、ある後輩が分析を嫌いだと言ったところ、「勉強してから言え」という風にびしっと言われてるのを覚えてて。当時はブリーフだと小手先的にどうしても見えてしまうんだけど、森先生はちゃんと分析を土居健郎先生の土居ゼミの頃からされていて、その上でやってるんでしょうね。How to だけやってもダメなんだろうな。あと同じ関西人ですけど、キャラが違うのでやっぱり自分でまねしてもダメだなって思いました。そこがやっぱりダメなんですかね……。それで短く終わったのかどうかはわからないんですけど、最後は「覚悟してやれ」みたいな感じですかね。

菊池　違う。全然違う……。

神田橋　（菊池さんを指して）一番なんか、いろいろとお試ししていたような……。

一同　（笑）

中野　今、徐々にSVをやる立場になってるんですが、How to ばっかりやるんじゃなくて、どうケースを理解しているのかっていうのを一応、問うことにはしていますけれど、難しいですね。あんまりやりすぎるとヘコんじゃうし。酒井さんのように元気になってもらえるといいのですが。でも私は森先生のSVを受けて元気になった記憶が一回もない。

一同　（爆笑）

中野　ま、それを狙って選んだのかな、と思いますね。今から思うと。生意気だったんで、私が。
山村　お節介ってよく言ってたもんね。覗き見趣味とお節介やって。
等　森さん自身がよく覚えてらっしゃるSVってあるんですか？
森　人？　この人に対するSVっていうの？
等　本気でやってる人とそうじゃない人、とか？　なんかいろいろ考えるのかなとか。
森　そうね。ま、特に誰のSVが印象に残っているというのはないけど。確かに人ごとに変えてるというのはそれはそうだよね。
菊池　じゃあ臨床と同じだね。
森　あとは、年ごとに変えてる。
森（美）　年。先生の中のトレンドで変わってる。
森　SVとケースの面接とは、私にとっては位置づけは全く同じなんで、バイジーと喋ってる時っていうのも、ケースやってるのと感覚的には同じなんだよね。なんで、ケースごとに変えるじゃん、私。なのでみんな違います。ケースやるときも……最近は年取ったから、もうそんなにはないけど。若い頃は、自分の中に常にテーマがあるわけ。ちょっとこのことを深く掘り下げてみたいとか、この辺のスキルをちょっと伸ばしたいとか。
長沼　それは、森先生自身の、ということですよね。
森　うん、私が。……というのがあるわけ。なので、年間テーマっていうのが決まってるわけよ。
一同　えー！　そうなんだ。
森　今年はこの辺を集中的にやりたい。それが終わって次の年度はまた違うことに取り組む、というような感じで。そういう意味でも変わっている。

長沼　森美加さんは受けてないんですか？

森（美）　私？　私は、中野先生の二年後ぐらいですね。みなさんがＳＶで辛かったとか苦しかったたって言うので申し訳ないんですが、私は楽しくて！

神田橋　えー。

森（美）　良かったんだか悪かったんだかわかんないけど、とにかく毎回先生とボケとツッコミみたいにして、ケースをボケとツッコミでやりとりしていて。で、終わって、あ、なんか楽しかった、何やったのかな、なんだかよくわからないけど、凄い楽しかった記憶があって。でも、先生にはやっぱり言われたのは……「間」。間の取り方っていうのが凄い。「これ、もらい」って先生からすごい学んだ。後は、とにかく先生が仰ったことでは、私は、堪え性がないと。好き嫌いが激しいと。せっかちなので、間が取れないんですよ。でも未だに、ケースと向き合うときは、いつも、堪え性がない、好き嫌いが激しいというのがいつも頭にあって、やっているかな。先生、私の時にはどういうテーマだったんですか。

森　楽しくいこうぜ～みたいな。イケイケの感覚を大事にしてたんだよね。それは持ち味だから。でも、最初に来たとき、すっげー怒ってたんだよ、あなた。私に対して。

森（美）　私が？　怒ってましたっけ？　え？　なんか言ってました？

森　うん。「卒論の相談に行った時にもう歯牙にもかけられなかったってか、相手にされなかった」って。私は一生懸命相手したじゃんかって。

森（美）　ああ、先生に卒論の相談に行ったのに、相手にしてくれなかったって、怒っちゃったの。

森　そうそう。で、アメリカに行っちゃったんだよね。

森（美）　ああ、はいはいはい！　卒論の時！　そう。全然、聞いてるんだか聞いてないんだかわからない感じで、ダメだ、こりゃ、もういい！とか思って、アメリカ行っちゃった。
一同　（笑）
森（美）　ああー……！そうでしたか。
中野　私にも怒ってた。
森（美）　ああ、そうだったそうだった。
中野　怒ってた。みんなに言って。
菊池　そうそうそう。怒ってた。うっすら覚えてる。みんなが大して怒らないことを怒ってる、と思いました。
長沼　それもあったから、楽しくいこうぜってなったんですか？
森　……あったんじゃない？
森（美）　え？　怒られちゃったから？　ああでも、ずっと忘れてた。今思い出した。
黒沢　じゃあこれでもう払拭されたね。
長沼　じゃあ、次は？
森　等さん。山村さんの一つ下で酒井さんの一つ上なんですけど。
長沼　ＳＶは……。
等　ＳＶはなかったです。私は、大学院によそから入って、実は今思い出してもちょっと涙が出そうなくらい大学院が合わなかったんですよ。だけどあの中で割と森さんと話すときは気持ちが楽というか、楽しかったんですよね。でも、あのころニュースレターに教室の様子を書いている森さんがずいぶん違って。なんかもうわけがわからない、なんだろう……こう、舞台を見ているような感じ？　映像を見てるような感じで。森さんって、大学院にいて、ここに書いてある通りの静かな雰囲気で話すと面白い、くらいしか思ってなかったときに、いったい何を見て、どんなことを考えて、それでどんな風に言ってるんだろう、と凄いあのときに思っていたんです。で、私が仕事始めてからも、森さんにいろいろ相談したりとか、あとまあＫＩＤＳとか教えていただいたりとかあったんですけど、あの……どうしてこういう発想が出てくるの？ってわからない時がよくありましたね。私が面接の仕事を一度退いて、それからもう一回やりたいと思ったときにスクールカウンセラーなら今いっぱい募集してるって言ってくださったのも森さんで。で、初任者で働くのにどんな勉強したらいいかというのも凄く丁寧に教えて下さって。だけど、私には森さんのアイデアや思考回路が全然見えなくて。森さんが書かれたブリーフの本の事例でも、どうしてこんなこと思いつくんだろうって。私が思いつきもしないし、もしこれいいよって言われても、自分が言うと同じ結果が絶対出ないって思う。同じようにはできない。森さんはセンスがあって、才能があって、突き抜けてるので、他の人に同じことはできるようにはならない。できるようになるとかその時には誰にも言ってたんですけど。でも、森さんと同じ人って結局やっぱり出てこない。凄い力のある才能のある人が全国に時々はいらっしゃるけど。そこはずっと変わらずです。初めてお会いした時から。いつもよく聞いてたんですけど、黒沢先生のお話は、わかるんですよね。どう考えているかは、わかる。

黒沢　わかるように話しています。

一同　（笑）

黒沢　森を担うという役割を凄く使命として感じている。

菊池　翻訳者。

黒沢　翻訳者的な。

等　翻訳者。そうですね、森さんだけとお話ししていると、やっぱり難しかったですよね。でも、やっぱり要所要所でお世話になるっていうか、頼りにしていたりとかして、そういうとこはすごく良かったですね。みなさんみたいに、濃い関係ではなかったと思うけど、やっぱり凄く頼りにしていました。転居もして東京を離れたりしても、ＫＩＤＳを思い出したり、森さんを思い出したりして頑張ろうって思ったりっていうのは結構あります。

長沼　いかがですか？

森　そうね、等さんの場合はちゃんと教育を受けてないからね。面接も臨床心理学もね。

等　一応、学部は心理で、大学院の時には教育学部にちょっと行ったりもしてたんですよね。で、学部の時も大学院の時にも、お金を払ってよその講座とか行ってて。でも、あの頃臨床したいとは言えない雰囲気が。

森　あ、そうか。じゃあ逆か。ちゃんと勉強しすぎてたのか。

等　でも、私は、あの中では結構自分ではやってるつもりだったんだけど、それをあまりオープンに言えなかったですね。なんか、お前変だよなとか言われちゃったりとかして。とにかくここ出なきゃ出なきゃと思って、二年間。良い経験ですけど、今になると。

馬ノ段　私も同じかもしれません。

森　馬ノ段さんは一番最近の私を知っているの。

馬ノ段　もしかしたら、凄い贅沢な森先生の使い方……って言ったら失礼ですけど。博士から入ったので文化も全然違うし、半年くらい一対一でテーマを立ててもらっていて。

森　東京にまず適応しなきゃいけないしね。田舎もんは。

馬ノ段　森先生は噂通りの「来る者拒まず去る者追わず」でした。さっきのお節介しないっていうのに繋がるのかなと思ったんですけど、えいやって飛び込んでみたらしっかり教えてくださって。私の年のテーマは「ブリーフを全部教える」だったのかな。最終的には先生が監督というかプロデューサーで、私が下っ端で、現場でブリーフのいろんな方法を試して、どうだったか聞かれて、また行って来い！、そしてどうなった？というのを繰り返す、そんなＳＶでした。

菊池　こなれ時代ですね。

馬ノ段　こなれ時代（笑）。私はブリーフのことをまったく知らなかったので、実践しながら一通り教えていただいたように思います。で、うまくいったら「それは良いじゃないか」みたいな感じで、詳しいことは聞かれずさらっとしていたんですけど、いろいろ知識をもらいました。

森　馬ちゃんも、元々広島大学の上がりだから、バリバリの分析が結構入ってて。……そっちから、ブリーフ。

馬ノ段　たぶん私は原因探しが大好きで、どうなっているんだろうって一生懸命探るタイプだったんです。それを先生が「それって意味あるの？」みたいな感じで、ぱぱっと片づける。解決志向の頭に変えていただきました。

森　ブリーフの世界を覗いてみてどうでした？　分析を学んで来た身としては。

馬ノ段　私、分析もちょっとあるんですけど、認知行動療法を勉強していて、認知行動療法って、結構「こうあるべきだ」みたいな話が多くて。たとえば、アジェンダたてて宿題を出したら、次回来たときに確認をしてしっかり扱うとか。自分の中でもいろんなルールができた形で東大に飛び込んだので、衝撃だったんですよ。宿題なんて確認しなくても良いじゃん、報告したかったら報告するから、みたいな。目から鱗で。

一同　（笑）

馬ノ段　でも、おっしゃることはすごくシンプルでわかりやすい。当時、こうしなきゃいけない、ああしなきゃいけないって、ちょっと雁字搦めになっているところもあったので。ブリーフの世界は楽しい……一時間のドラマを見ているような感じでした。ＳＶが終わった瞬間に「あれっ、もう終わり」みたいな。クライエントに対してあの空気は作れないなと。演技の話もよく出てきたので、女優にならなくちゃいけないなって考えるようになりました。

森　(美)　司会の長沼さんはＳＶ受けた？

長沼　受けてますけど。どう説明したらいいかしら。森先生には、「君のテーマは何なの」って時々聞かれましたよね。

森　あ、そう？

長沼　最近のテーマはなに？　とか……。テーマも何もなんにもわかりません、とか言ったら、じゃあとりあえずクライエントさんを笑わせることをテーマにすれば？　とか言われて、じゃあ笑わせますと言って。私も結構適当な人なので、じゃあ笑わせれば良いんだ、と思ったら、それなりに笑わせられるじゃないですか。ひたすらただ笑わせてたら、結構笑わせるのうまくなったね、じゃあ次行こうかって、みたいな感じで。

森　(美)　私もＳＶの時、先生がつまんなそうな顔してると、ちょ、これうまく笑わせるようなことしないと……って変なプレッシャーがあったり。

長沼　全ケース報告をやってましたけど、逐語が大変でしたね。最初、駿台やってた時はまだ予約がスカスカだったから、空き時間に結構丁寧に逐語を起こしたりできたけど、段々できなくなってきて。特に後半は、駿台のケースも溜まってるし、ＫＩＤＳのケースもあるし、みたいになった時に、とても逐語どころじゃないとなった。それで、全逐語は起こさず、「こう言う人なんですけど」って流れを話して、印象的な場面だけ、「こんな感じのとこで、この時どうしようかなと思ったんです」ってやりとりのようすをピックアップして報告した。森先生は、「で？」って先を促して。こんなやりとりが多かったかな。ただその「で？」の後が、一緒に再現してる感じはすごくあった。私、たぶんそれと同じことを今も面接場面でやってるんです。親御さんがお子さんのことを相談に来ることが結構多かったので、「で？　もしお母さんが○○と言ったらどうなるでしょう」って尋ねます。そしたら考え始めてくださる。「どうなるかな」「こう言うかも」「じゃあこんな感じで変えますね」「ああ、こんな感じですかね」とか。シナリオ三種類ぐらいなんとなく持てるようになって。面接で想定した通りには現実は絶対に運ばないから、「的なイメージ」で良い。たとえば、「未来の話とか息子さんとするとどうなるんでしょうかね。ミラクル・クエスチョンっていう技法があるんですけど――これをやれって話じゃないんですけど……」と全部、こちらの手の内オープンにして。「そういう感じのことを言ってみたら、どうなりそうな息子さんですか？」とかって訊いたりしてます。

ＳＶの話に戻すとノウハウも教えてもらった。森先生はやっぱり精神保健だなと思うんです。例えば、これは幻覚なのか妄想なのか幻聴なのかなんなんだろうかって言うような「注察感」を訴えられる方に初めて会ったときに、どうしたらいいかわからなかった。でＳＶの時に次はどうしたらいいですかって聞いたら、「ＤＳＭ覚えてるでしょう、あれ読めばいいじゃない」って。あの項目の内容を確認すればいいんだと。ＤＳＭってＡ項、Ｂ項、Ｃ項って項目があるじゃないですか、その内容は頭の中に浮かぶけれども、幻覚とか妄想とかの単語じゃないですか。それをどうやって聞くんですか？って聞いたら、そしたら、森先生が、「だからね、眠れてますかって上から順番に」「見られてる気がしますか」、「どこでしますか」って詳しく例示を。で、その後、「ここまで来たらちゃんと病院紹介できるでしょう」って言われて、「どうやってするかわかりません」と答えたら、紹介するときの説明のシナリオというか、パッケージでもらったりしています。初期は随分助かりました。

菊池　やっぱり後半のほうが、サービスいいね。ちょっと羨ましいなぁ。

長沼　駿台を始めたとき、森美加さんの後任だったんですが、ぱっと見て一言目になんて言われたかって言うと、「森美加のやり方はやるな、キャラが違う」って。一時間のうちで「キャラが違うからそれは無理、真似しようとしない」っていうのは五回以上言われたような気がします。できないからって。それはそうだと思います。森先生は、森美加さんと同じやり方は私にはできないことをたぶん見てたんだろうなと思います。実際、駿台のケースの報告もゼミでやってたじゃないですか。そのときも、私と他の院生のケースへの話の流れも違うし、コメントのポイントとかもなんか全然違った。どう違うかはうまく言えないんですけど。

森　全然違うね。誰がやったって違うよね。

神田橋　私がＳＶを受けてた頃って一九九〇年前後なんですが、その頃って精神科の患者さんはもらった薬の名前すら知らない。本当にびっくりしたんですけど。何の薬を飲んでるのか、診断が統合失調症と診断されてるのか、うつ病と診断されてるのか、それすら知らない世界だったんです。素人だったからびっくりして、教えてあげれば良いじゃないって、ある先輩とかに言ったら凄い怒られて。絶対そんなこと言っちゃいけないって、そう言われる時代だったんです。けれども森さんに習ったような記憶があるんですが、たとえば、病院紹介をしなきゃいけない時なんか、こういう紹介状を書くからねって言って患者さんに見せながら書くって。

菊池　そうそうそう。あれが、普通のことだって教わったよね。

神田橋　薬だって『家庭の医学』かなんか、買ってきて番号を見ればわかるから調べたかったら調べればいいんだよっていう感覚を最初から教わったんですよね。今だったら何でも教えていいじゃないですか。あの頃、おかしかったなって。だから、私はなんでも教えたんですよ。あなたがこの薬を飲むっていうことは統合失調症って言う病気だっていう診断がついたんじゃない？って。でも、言ってたこと自体はちょっと周りに言えない雰囲気だった。けど、絶対これは間違いじゃないだろうという感覚で働いてました。……それ、森さんに習ったんでしたっけ。

森　私、言いそうなことだね。覚えてないけど。

菊池　私も紹介書の書き方って、そういうような感じで習った……。

中野　紹介状は佐々木先生に習った。こんなの書いたらどうかって。

菊池　佐々木先生か。

神田橋　ああ、佐々木先生だったんだっけ。

菊池　元は佐々木先生でも、教わったのは森先生のような気がする。どうやって書いたら良いんですかって。

森（美）　先輩は、患者さんに見せるって言うのが自然だったから。ずっとそうだったんじゃないですか。

森　そう、ウチの教室はそうだった。だから、私もブリーフやり始めてからだよね。いわゆる臨床心理学の人たちと付き合うようになった。で、今言ったことも含めてさ、びっくりした。私自身もびっくりした。あ、心理ってこういう世界なんだ、こんなんでようやっとるなと。

山村　それは確かに。分析のこと勉強してたって言ったけど、なんでこんなルールになってるんだろう……っていう感じでしたもんね。なんでこういう考え方してみるのっていう、批判的な部分もあった。まあ考え方としては枠組みと概念みたいなものがあったとして、それで見るとこういう風には見えるけど、そう見る必要ってあるの？って。見たところで、誰か得するの？とかね。誰か損しないかこれ、みたいな。分析を勉強していたんだけど、ちょっと斜に構えていた。そういう流れの中で、技法みたいなものが入って来たり、催眠みたいなものが入って来たり。考えてみると、割と僕たちって、こうしたらどうだろうとか、こうするにはどうしたらいいだろうみたいなことを考えてきたような記憶がありますよね。

森　現実的な。ファンタジーの世界で遊ぶんじゃなくて。

山村　三回で終わるためにはどうしたら良いかとね。

森　現実的な発想ね。それは生活臨床の発想が非常に大きい。宮内先生にかかったら、土居先生なんて一刀両断だもん。精神科での評価、評判どうなんですかって。土居先生って社会的には凄いけど、実際に医局の中ではどういう評価になってるんですかって聞いたら、「ああ、あの人は治せない人だから」って一刀両断。

中野　宮内先生ね、やっぱり統合失調症に対する思いは凄いかもしれないですね。八丈島行ってるときに、先生はなんで精神科医になったんですかって話をうかがったら、身内にいらしたからと。よくあんな話をM1の院生にしてくれたなと思いますが。

山村　M1に見えなかったんじゃないですか？　ねえ。

中野　（笑）統合失調症を治せないのは精神科医じゃないっていうのはその時にも仰っていて。だから精神分析とか言っている医者は……って言うのは、あ、そらそうだろうと。宮内先生のお考えはよくわかるし、そうだろうなと。宮内先生がご飯三杯目食べてる時に。

一同　（爆笑）

中野　宮内先生ご飯いっぱい食べるから。恥ずかしいけどおかわりしてもいいかなあって、三杯目を食べるからびっくりして。仰ることは、やっぱり一本線が通ってるって。宮内先生の言うことと、土居先生の言うことってそれぞれ筋が通っている感じがしましたね。

集団の活かし方

長沼　酒井さんからは、もう一つ、集団の活かし方ということをあげて頂いてました。「先ほど馬ノ段さんとの共著論文を読め」って簡単に答えてしまっていたけれど、今一度、酒井メールを読みます。

森先生に語って頂きたいと思っていたもう一つのことは集団の活かし方についてです。私は前の職場で休職中の患者さんを対象にした集団療法をしていたのですが、集団が持つ力と言うのは本当に大きなものだと感じました。森先生は個人面接をやっておられるイメージが強いのですが、研修会などで受講生をぐっとひきつけて場の雰囲気をつくっていく話術を見るにつけ、集団を扱われるのも上手いのだろうなと考えていました。森先生の集団を扱った臨床経験について語っていただく機会があったらなと思っております。

ということです。

森　まあ、どちらかというと、集団を扱う方が……要するにたくさんのお客を扱う方、そっちが専門かなーって。活かし方ねえ……それ語ったら一体何時間になるか……。
　いろんなことがあっちゃこっちゃで起こるから、まずそれが見えてなきゃいけないよね。あそこでこんなことが起こった、ここでこんなことが起こったってね。つぶしていくんじゃなくて、全部使い切るんだよね、起こってることを全部。そしたら集団を活性化できるっちゅうかな。だから、集団が下手な人は全部つぶしにかかるんだよね。こっちで起こってるまずいことをつぶし、こっちでなにか謀反が起こりそうなのをこっちはつぶし、みたいな形で集団をやろうとすると、もう集団は機能しない。そういう集団の使い方っていうものを基礎にして、個人を扱うと考えた方がいい。個人の中でもたくさんの人がいて、ぶつかったりしてるわけだから。そのぶつかりが症状形成の一番の元になってたりするわけでしょ？　だから、単体として見るよりも、ひとりの個人をいくつかの集合体がここにいると。で、そこでは常にいろんな葛藤があって、それから力動、力学、ダイナミクスが働いている。それは集団を扱う時と同じように、個人としても扱うというふうにやっていった方が実はわかりやすいのかもしれない。個人を出発して、それは統制された個人というのはユニットである。それをどう集団としてきた時にまとめ上げるかっていう発想でいくと、たぶんすごい難しい話になるよね。結論がまとまるかい？って。そうなるんだろうね。それはやっぱり集団を基本に発想しておいた方が、たぶんやりやすいと思う。

長沼　森ゼミでシステム論とか家族療法の話をしたときには、「システム論では家族をまとめて見るとか、病理は個人の中ではなくて関係性の中にあるんだから家族のあれが問題って言った時でも家族全体を見るっていうけれども」って、森先生がその時に言われたのは、「せっかく関係性とか言って個人の中から病理を取り出したにも関わらず、家族の関係性の中に戻しちゃったら家族の中にまた病理を戻しちゃうじゃないか。だから僕は集団を見ません！」って。森先生はそう仰ったんですよ。それで森先生はＫＩＤＳでも家族合同面接もたくさんやっていらっしゃるけれども、そういう時に何を見てるんですかってことを聞いたら、家族を見ているけれども僕は一人一人を見てますと。で、返すときは一人一人に返してますって言われてたんですよね。それってたぶん一見真逆の話なんだけど、同じことだと思うので、もうちょっとそこの説明をして頂いてもいいですか？

森　……そんなことも言ったなあ。
長沼　（笑）あれー!?
黒沢　割とよく仰ってますよね？
菊池　私もそれ聞いたことある、……ってことは相当前から言ってる？
森　家族療法、嫌いなんだよね。あの……本当に純粋に好き嫌いのレベルで、嫌い。理屈の話じゃなくて。
一同　（笑）
森　それは集団が嫌いなんじゃない。家族っていう形で切り取るのが、その家族って言う言葉が嫌い。だから家族療法という言葉が嫌い。そこに意味を感じないわけよ。集団として見るのはいいわけよ。家族ってい う切り取り方は一つあるだろうとは思うけど、それはあくまで絶対的なものではなくて、一つの切り取り方であって。それだけでなんとか療法っていう風に名づけられるのは、冠をつけられるって言うほど大したあれじゃあねえだろうって。
長沼　社会学的にいうと、社会の最小単位は家族だってことだと思いますが。
森　そりゃそうですよ。社会学的にはもちろんそうなんですけど。治療を考えた時に、そこを必ずしも単位とする必要はないよ。家族ない人いるじゃんか。そういう人って多く治療の対象になるだろ。そこに家族療法っていう言葉をいれちゃったなんて。
山村　使ってないのか……。森さん、家族療法っていう言葉言ってないですかね？
森　嫌いだっていうこと？
山村　いえいえ、その言葉自体を。
森　私が？　自分の臨床を語るときに「家族療法」って使ってないと思うよ。

山村　自分も授業では使わないんですよ。そういうのを見てたからなのかなって。

菊池　私、忘れもしない。当時戦略派のクロエ・マダネスとか結構好きで、J・ヘイリーのとかでちょっといい気になってた時代。「決まるわ、こういうのやると、その通りになるじゃん」とか言ってた頃に、一つ上の階に森先生の研究室ありましたよね。いつもタバコくゆらせてスポーツ新聞読んでいましたけれど。ある時、研究室を出て来ぎわに、「いやー、家族療法はもういいな」って言ったんですよ。「一通り勉強した」とか言って。もうあれはいらないとは言わなかったんですけど、もうあれはいいやって言ったので、なんで?、みたいな感じになった覚えがあります。というのは、その頃ブリーフ学会では家族療法家の東豊先生とか吉川悟先生とかが強い感じで前に出て来ていて、学会にも貢献してくださっていたので、それこそ「何をもって『もういい』ってなったんだ」って。もうその発言を覚えてるかどうかわかりませんけど……。今みたいなこと考えてもう良いなって言ったんですか？

森　そうそう。たぶん。

中野　嫌いだったの。

森　だったら、家族なんていう中途半端な切り取り方にしないで、集団にしちゃうか、個人にすればいいだろ。私は家族を扱うときは基本的には個人で見ますよっていう意味はそういう意味でやってる。下手に家族療法、この家族を何とかしようとしてます的な感じで関わっちゃうとすごく中途半端な関わりになる。どこに関わってるのかわからなくなる。目的が何なのかわからなくなる。

中野　家族に対して関わるっていうんじゃなくて、集団に対して関わるっていうのは、そういう家族だから特別な関わりがあるっていうんじゃなくて、二人か三人の集団に対して関わるのと何が違うのかっていうところですかね。

森　少なくともこちらから大きな意味を家族に与えない。だって親子の関係ってもちろん深いし、その人の人生に多大な影響を及ぼすということは間違いない事実だと思うけれども、それと本当に自分の大事な本心あるいは親友との関係と何が違うのか。どっちが深いって言った時にそこに差はないだろうっていうのが私の考え方で、親子だからっていうだけで絶対視されることはない。

山村　集団に家族とか会社とかっていう特定の名前がつくと、あるべき姿を追う人が出てくるんですよね。集団のあるべき姿っていうのは、ほとんどあるようでないわけで。そうなってくると、例えば家族療法っていうと、家族のあるべき姿だとか理想像みたいなのを治療の時になんとなく向かってくるのが、すごい、そっち行っていいのかな？って引っ張られるっていうのを、ちょっと違和感としては自分も感じます。

森　ただ、その辺はもう現代になってくると、心理の人だから、家族療法学会なんかも名前変えようかって言ってるくらいだからさ。だから、あんまり家族にこだわらなくなってきてるんだよね。それはいいことだと思いますね。今たぶんそこら辺が問題になってるのは福祉の人だと思う。福祉の人たちってめっちゃ家族にこだわるからさ。

長沼　擁護させて頂くと、こだわりたいのではなく、制度が……世帯介入の単位が制度なので。だからすごい現場で働いてる人たちは、インフォーマルな人を組み込みたいけど組み込めないジレンマの中にいるので。

山村　後見人法じゃなくて？

長沼　後見人法もそうですけど全部ですね。例えば退院支援やるときに、ネットワーク会議に入れていいかとか。血縁のある家族は入れられることは簡単ですよね、法律的に。だったら、近所の本当によく見て服薬管理してくれる人を呼べるか？　病院に呼べるか？って。お隣さんが仲良しだって言ってるけど、大丈夫かなってワンクッションが入るんで。

森　ほら、そこ。もうそこからこの家族の、制度のせいにしてるけどさ。家族に対する大事さ感が強すぎるっていうかそこに介入しなければいけないっていうか、介入するのが私たちの仕事であるっていう風に福祉の人はすごく捉えがち。大体、介入っていうこと自体が私に言わせればもう福祉の仕事から少し逸れてるんだよ。

長沼　森先生の福祉観からはですよね。制度から要求される今の資格職に求められてるものとはまた違うのであれですけど。

森　福祉って管理職か？

長沼　森先生の仰ってる福祉の仕事は、補う方ですよね。……補うっていうのかな。

森　そうそう、補う。ニーズを保障するとか、福祉の仕事じゃないの？

長沼　っていう話を非常勤先の授業にお招きしたらされてしまいまして。現在の福祉職が要請されているのはコーディネート業が中心で、補う仕事はむしろ財源の問題もあって政策的には厳しいです。だから、相談のお仕事が中核と変わってきていて、「自立支援する」のが業務みたいになってて、そういうのが福祉の仕事か、って勉強してる子たちが、森先生の話を聴いて大混乱したというのがありましたね。まあ面白いからいいんですけど。

黒沢　大変、ご迷惑おかけしました。

長沼　学習しました。

森　だからね、混乱してもらわなきゃ困るっていうのがね。

長沼　考えることは本当に大事なので。

森　そういう風にして福祉を捉えているというのは今の流れでさ、福祉は衰退するんじゃないの。間違った方向に。

長沼　衰退するっていうより、今の風潮に流されることのリスクは管理の方向に向かうことだとはよく言われている話ですよね。だから考えなきゃいけないというのはその通りだと思うんですが。

集団精神療法じゃなくて芝居で

長沼　……で、集団を扱う仕方って、精神衛生領域でいうと、集団精神療法の概念もあると思うんですけど、森先生の口から例えばグループサイコセラピーのヤーロムとかほとんど聞いたことないんですが、どうなんでしょう。

森　勉強してないもん。何をやったか知らない。

長沼　それはその時の輪読の対象には入ってなかったということですね。

山村　私は聞いたことないですね。

森　そこらへんは、私は芝居で学んだから。

長沼　その集団は、集団精神療法じゃなくて、芝居で。

森　集団の動かし方ってのはね。お客一人じゃないんでね。お客一人だととても寂しいので。

神田橋　でも先生、お芝居って、私は演じる立場になったことがないからわからないですけど。お客さんを楽しませて、ああ、お金を使ってこの時間を使ってよかったなって思わせることが、最終目標じゃないかと思うんですけど。でも、療法となるとちょっと違うのかなっていう気がするんですけど。

森　そんなに違わない。同じじゃないよ、治療と演劇は。同じであるはずはない。演劇って娯楽なんで。あれは文化。文化活動。治療はもっと現実的な話だよね。そこは全然違う。でも楽しんでっていう、あるいはお金をだして何か得てもらって帰るっていう意味で言うならばそんなに変わらない。治療も、楽しい治療の方がいいじゃん。苦しい治療より。副作用がない方がいいじゃない。で、短いほうがいいじゃない。

長沼　先生、サイコドラマにはなんで行かなかったんですか？

森　それは、演劇に対する思い入れが強すぎるから。

長沼　ああ……。

森　治療の一つの方法論としてドラマを私は見れないんですよ。

菊池　距離が取れなくなっちゃう。飄々とできなくなっちゃう。

森　演出したくなる。ちょっと違う、そこはこうでしょ！って。言えないじゃん。

山村　スーパーバイズは一人でやってみせてたみたいだけど。

長沼　さっきの馬ノ段さんのスーパービジョンはまさに監督で、アクターでやってもらった感じって言われてましたけど、先生もそんな感じだったんですか？

森　まあまあ、交わってる方がそんな感じになるよね。感想を持っていただけると、やってる方としては嬉しいですけど。そういう感じでやってることも多いけど、でもまあ、喜んでいただくという点では同じだけど、圧倒的に違うでしょ。演劇活動と治療活動は。根本的に違う。もし根本的に同じなんだったら、劇団員ってみんな健康的な……。

一同　（笑）

森　違うんだって。だから芝居やってたら元気になる的な。何かが起こって治療的に動くんだっていう心理劇の畑の人たちの陳腐な発想が私は許せない。役割を変えれば何かが起こるなんてそんな単純なもんかって。

だから行けないの。またそれを一番のサイコドラマの専門家に言っちゃうもんだから仲良くなれない。二度とお呼びがかからなくなった。

一同　（笑）

森　でもスキル的には私の臨床活動は、ほぼ全てを演劇の中で学んだことを使って治療をやってる。スキルね。

神田橋　スキルの部分を。

宮本　じゃあ演劇の中で自分がこういう風に言うと観客はこう反応をするとか？

森　たとえばね。

長沼　他にもそんな感じのでありましたら、例えば。

森　自分のやってることを、観客の目を、あるいは反応を鏡として、自分のやってることをモニターしつつ影響を相互作用していってていい方向に動かしていくっていう、こういう風のが一つね。あともう一つ、私はシナリオも書いてたし演出もやってたわけだ。だから全体をどう構成していくのか、最後のオチまでどうやって持って行くのか、そのために何が必要になるのかっていうこと。それは要するに、クライエントさんのストーリーを読み入って、今の言葉でいうとオルタナティヴ・ストーリーをどうカウンターに当てていくかっていう。そこら辺の進め方だよね。オルタナティヴ・ストーリーの構成の仕方。社会構成主義バリバリになっちゃうとそこを構成するなって言われるんだけど。

菊池　あ、そうなんですか？

森　そうそう。

菊池　構成されていくものだから？　え、なんで？

森　そうそう。下手に考えるなって言われるのもね。まあそれは一理あるんだけど。要するに考える頭のない人が考えちゃうと変なところにいっちゃうから。

一同　（笑）

森　下手の考え休むに似たり、下手に考えても何の役にも立たない、って。下手に考えるなって社会構成主義は言ってて、それは一理あるんだけど、考えようよ、プロなんだから。そしていい方向に持って行ける技術をちゃんとつけようよと私は言いたいからアンチ社会構成主義をやってるわけだけど。

等　ちょっと伺いたいんですけど、お芝居はいつ頃始められたんですか？

森　大学一年から、修士の二年まで。私、修士の二年を三年やってるから。それで学部五年やってるから、全部で九年間。

菊池　学部もゆっくりしてたんですね。

森　そう。降年してるのね。いきなり、九月の試験を私は受けなかったの。

宮本　受けないって。どこの学年ですか？　一年生？　三年生？

森　大学に入ってすぐ。

宮本　へぇ～。

森　九月に試験勉強していて、俺、何やってるんだろうって……俺、こんなことやるために大学入ったんじゃねーしとか思って。

菊池　そうでしたか。そんな時に思っちゃった。こともあろうに。

森　大学行かないで映画館行っちゃった。映画館に行って映画見たいって。

菊池　もう一カ月ずれててもよかったのに。でもそしたら演劇短くなっちゃったか。

神田橋　お芝居に興味持たれたのはいつくらいですか？

森　持ったのは、入ってから。
神田橋　大学生になってから
長沼　サークル勧誘とか？
森　劇団に入ったから。劇団に入ったのは四月。
宮本　なんで入っちゃったんですか？
森　その公演を見て。四月に公演やってたの。それを見て。私は元々演劇大嫌いだったわけ。高校時代。だって恥ずかしいじゃん演劇。めちゃくちゃ恥ずかしいでしょ。存在が恥ずかしいでしょ。だから絶対嫌だったし、自分にはできるとは思わなかったし。舞台は大好きなのね。だから音楽やってた。あとは映画大好き。自分で作ってた。でも演劇だけはやらなかった。嫌いだから。でもまあ大学入ったからさ、十七個入る予定だったサークルの一つとして。
菊池　十七個……。
森（美）　もうむちゃくちゃ（笑）。
森　二番目に劇団。一応劇団もリストの中に一応あったの。で、二番目に入ったのかな。で、その劇団に入った理由はまず音楽が全部オリジナルだった。なのでここいいなって。私が音楽やってたしね。なのでここで劇音楽やるのは素敵、これなら俺にもできるって思ったのが一つの理由。二つ目の理由は、女優さんですっごいきれいな人がいた。この人狙おうって。先輩だけど。それが二つめ。三つめの……これが多分、真の理由っていうのがあるとすれば真の理由なんだろうと思うんだけど、最初の二つが表面的な理由。真の理由は、私はすごくコンプレックスの強い人間だったの。自分にはできないことっていうのがあまりにたくさんありすぎ。その中で、さっき芝居は絶対にできないだろうってなんで思ったかっていうとさ、ステージ立つのは好きなんだよ。映画も撮ってるじゃん。だからそういう表現活動自体がダメなんじゃないんですよ。音楽にしたって映画にしたってちゃんとフィルターがある。楽器とかフィルムとか。だから、私の生はさらけ出されてないの。自分のことを表現はしてるんだけど、でも受け取り手の間に必ず一枚ある。その膜によって、守られてるわけですよ。そういう中では自分はやれる。けど、この膜がない世界って、自分はできない。もうそんなところに行ったら、自分がいかに陳腐な人間であるかっていうのが、バレバレ。音楽にしたって映画にしたって技術でいくらでも補えるわけ。いくらでもって言ったら行き過ぎかな。でもある程度、かなりの程度はできる。でも演劇になっちゃうと、技術も大事だけどさ、でも技術的に何かやってる作為のある演技って、見る人が見たらバレバレなんだよね。あ、作ってる。作りこめば作りこむほど、できないっていうことが、バレるね。そういう世界だよ。そんな世界で自分がやれるわけがない。なぜなら俺はロボットだから。人間じゃないから。感情がないんですよ、本当に。

長沼　好き嫌いはあるけど。

森　好き嫌いは感情っていっていいの？

長沼　どうなんでしょう？

菊池　快‐不快。

森　好き嫌いって多分感情とは普通呼ばないんじゃないの、たぶん。

菊池　感情っていうか、好き嫌いはとても原始的な感情の反応というか。快‐不快か。

森　どんな感情？　好き嫌い……まあ好き嫌いが仮に感情だとして、それはあるけど他はない。悲しいって私は本当にわからないんだよ。知的には知ってるけどね。なんか一説によると、大事なものを失った時に起こってくるもの？　のことを言うんだって。

菊池　一応。

森　私も大事なものを今まで大事なものをたくさん無くしてきたと思うけど。母親も含めてさ。世にいう悲しいっていうのは体験してないよ。

宮本　泣いちゃうとかないんですか？

森　ないない。泣くことはいっぱいあるよ。私が泣く時は感動した時、興奮した時であって悲しい時じゃないので。悲しい涙って私、体験したことない。そもそも感情がよくわからん。

神田橋　先生、お聞きしちゃっていいことかどうかあれですけど、そしたら今回病気がわかった時も、悲しいとかそういう感情はわかなかったんですか。

森　ないないないない。私は死に対する恐怖ないもん。でもまあ死ぬから、少しは残しとかなきゃいかんかなと思って今ちょっと焦ってここにいるけど。その前まではいつ死ぬかわからないっていうか、私人生五十年生きた。ちょっともう生き過ぎなんですよ、感覚的に。なので、それまでは五十五年の時までは、全て私の存在自体も忘れられて消えてしまう、社会的に。そうなればいいみたいな。それは美しい。そんな人いたっけみたいたいな。そんな感じになったらきれいじゃない。芝居をやってて一番美しいのはどこでしょうかって片しの瞬間なんだよ。片付けやってるときの。要するに、舞台が消えていく。何カ月もかけて準備してきた舞台が一瞬で、まっさらになる。跡形もなくなる。記録映画なんてあんなの演劇じゃないから。記録は残るかもしれないけどあれは演劇じゃないからね。あれは文化ですから。演劇は全てなくなるんですよ。それが美しい。残したいんだったら他の芸術やれよってことですよ。他の芸術の方が残るので。なんで芝居やるのかっていったら消えるから。来世は一応残るものをテーマにしようと。

一同　（笑）

森　来世は一応建築家。それも百年くらい残るようなでっかい建物。コルビジェみたいに。
菊池　これも聞いてよくわかんないですけど、感情がないっていうのは、しんどいっていうか快 - 不快でいうといま一歩座りが悪かったんですか？
森　コンプレックスと。人間じゃない。自分はロボットだっていう感じ。他の人と違うだもん、だって。
菊池　それは嫌な感じ？
森　嫌だよね。だって違うんだもん。
菊池　でもどう考えても同じになりたい
森　だから、妖怪人間。はやく人間になりたいって。ベムの世界。
菊池　人間になってから他と違う風になりたい？
森　ん？　人間じゃないから、人間になってみたくないか？
菊池　私としてはここはちょっとわからない。だって、（森先生は）どう考えたってみんなと一緒はやだってタイプ。でも、人間にはなりたい？
森　……って思ってたわけ。まあ今だったらＡＳＤだとかって診断つけておしまいな話なんだけどさ。なんだけど、当時はすごいコンプレックスに思っていたので。で、コンプレックスである部分っていうのは他にもいっぱいあるわけよ。それまで大学入るまで、コンプレックスに対してトレーニングして、自分でプログラムを組んで、トレーニングしてそこを乗り越えるっていう作業を好んでやってたわけ。
菊池　元からあるんですね。テーマを設定してっていうのは……。
森　私って意外と、どう見えてるか知らないけど、すっごい努力家でしょ。
一同　（笑）

森　ちゃらんぽらんに、適当にやってる風に見えてるかもしれないけど、もし見えてるとしたらそれは大成功なんだよ。それはわざとそう見せている。

黒沢　演出。

森　自分は元々はすごい努力家なわけ。でも自分が努力してないみたいにやってる。絶対人に見られたがらない。恥ずかしくてしょうがない。かっこ悪い話なんだ。努力している姿を見せるのは。

菊池　苦労しますね。いや、数々のスポーツ新聞とタバコが頭に浮かんで……。いつ家族療法の本そんなに読んだの？って。

森　自分には感情がないっていうことが私の中の非常に大きなコンプレックスの一つだったので、だからたぶん舞台に出たら否が応でもそこの部分に自分は絶対直面しないといけないよね。ああいう何か、任された日には。そこで劇音楽を最初の狙い通りやってれば楽しくたぶん劇団生活送れるだろうに。それでも満足だと思うけど。まあもしそれで終わったらそこまで。私にとっての意味って。それだけの話なんだろうけど。四月に入団して、六月にもう最初の役を与えられちゃったの。いきなり抜擢されたので。それで六月に初舞台を迎えることになり、否が応でも舞台の上に乗って何かしなきゃいけない。しかもすっげー調子悪い日にやって。空っぽなの。あと何分かで出て、また動きが多くて感情のめっちゃ激しい役なんだよ。

菊池　ない感情を出さなきゃいけない。

森　ない。一応稽古でさ、こうやったら感情的っぽく見えるっていうのは一応自分ではそれなりに作り上げて演出家からも一応ＯＫが出て本番を迎えた。準備はしたけど、あるステージの時にさ、何もない。で、本当にその時は絶望したね、自分に。これが嫌だから自分って芝居始めたんじゃないのか。ここまで追い込まれても俺まだこれ、みたいな。ここにもちょっと計算がいて、こういう風に思うと感情が湧いてこない感じ。そういう計算もあってやってる部分もあるわけだけどね。何もその時は本当に、何も作れなかったね。しょうがないからさ、出番が来ちゃったからさ、とにかく声出して、大きく動いて、やるしかないよね。中は空っぽでもいいじゃんって。もう、そうするだけでも、とにかく動かそう、声出そう、みたいな感じでわーっと舞台に飛び出してたわけ。で舞台袖の真っ暗闇なところからわーっと入ってこう照明、ナレーションが始まっちゃって。その時小二か小三の時のピアノの発表会と全く同じ状態になったのかな。前の時も、大阪の毎日ホールっていうけっこうでかいところでピアノの発表会だったのね。なんか知らないけどめっちゃ緊張してたわけ。それで三人袖で待ってるんだけど、こんなパイプ椅子が三つ並んでるわけよ。でそこに座って待ってなきゃいけないのよ。座ってられなかったもん。緊張して緊張して。だから抜け出してどっかお散歩してたかな。それで、自分の番が来てぱっとステージ上がった時も、ワーッて光の中に巻き込まれて、毎日ホールはでかいから、光の向こう側は真っ暗闇で壁とか何も見えないのよ。宙に光の球の中にわーっとこう自分が浮いている感じ。で、座ってその後ピアノに向かって、手が勝手に動いているっていう状態ね。暗譜してるから元々楽譜は見ないんだけど、通常の状態だったら、見えてるわけよ楽譜が。でもちろん自分がどこ弾いてるのかってことは把握してるんだけどその時はホントにないの。楽譜が。だから自分今どこ弾いてるのかわからないし、すごい長い時間弾いてるよ。同じところをもしかしたら自分、繰り返し繰り返し弾いてて、これいつまでたっても終わらないんじゃないかっていう恐怖さえ感じてた。そんな感じでこう、やってて、でもある時、手が止まったのね。手が止まったから終わったということに気づいたわけ。あ、終わった。じっとしてる。で、次のさっき弾いた女の子だったかな。が、花束を持って、ここまで舞台の中央まで出てきてるわけ。段取りでは私は立ち上がって、そのまま花束を受け取って、客席に向かってお辞儀をして、そして袖にはけるという段取りになってるわけ。なんだけど、女の子がここまで来てるのはわかってるわけ。でも立てないのよ。立てないって言うのともちょっと違うけど。立ちたくない。とにかく立たないんだよ、ずーっと無反応で。女の子が困ってるのもわかってるんだよ。じーっとぼーっとしてた。ピアノの井上先生がさ、袖からさ、舞台に出てきてポンポンってたたいて「森くん終わったよ、もういいのよ」って言われて、そこで「あっ、はい」って言って、トランスから下りて、立ち上がって、それで客席に、おじいちゃんとかおばあちゃんとかも来てたからそこへ行った。「よかったよ、すごい上手だった。でもどうしてずっと座ってたの」って聞かれたから、「今日はね、おじいちゃんとおばあちゃんが来てるから、一曲じゃもったいないから」って。ここが私らしいところ。

中野　計算してたんですかそれは？

森　計算してない。あの時は。その時はトランスという言葉は知らなかったけれど、後で、ああ、あれがトランスってやつかって。

菊池　その同じことが、大学入っても起きた？

森　起きた。

長沼　舞台で。

森　舞台の上で起きた。ワーッとか言ってとにかく声出すしかない。大きく動くしかない。とにかく無我夢中でワーッとか言って、何も考えないでさ、やってた。虫取り網持ってて振り回す役だった。あまり激しく振り回したものだから、網の部分がさ、ぴょーんとかいって客席に、飛んでいっちゃったわけ。そしたら後にTBSに入った信国さんっていう先輩――相手役が、何やってんだお前、網ついてないじゃん、竹じゃんってなんかツッコミ入れてきた。その時に、めっちゃ腹立ったの。

一同　（笑）

森　「ばかやろー！　これは俺の網だ！」って。

一同　（爆笑）

森　その信国さんに馬乗りになって、ばーって叩き始めたんだよね。そのあと芝居には戻ったんだけど。で、あのとき終わった瞬間に自分でも、あ、俺も何も計算しなくても動くっていうことあるんだ、っていう。あのとき自己演出なかったんだよね。体が勝手に動いたんですよ。で、あの時本当に怒ったんだよ。

菊池　感情があった。

森　っていうことを、感じた。だからあれは私の人生を変えたんですよ。あの瞬間。しかも、その劇団を作った先輩が、その時はひけだったので、舞台に出てなかったんだけど。児玉さんっていう。児玉さんは保険会社だったかな。児玉さんが寄ってきて、森よかったよっていう風に握手して、お前がこの劇団入ってくれたおかげで、うちの劇団は九年、十年大丈夫だって言ってくれたのね。あのときが自分が人間になれた瞬間。そういうことも含めて、演劇っていうのは私にいろんなことを教えてくれて、自分の苦手だったことを、一つ一つ全部スキルアップさせてくれて、それは全て、心理療法、精神療法、面接をやるときに、実際使っている。私は理論から学んでいる部分っていうのは、あくまで人に対して何かを説明する時に使っているけれども、自分でやってることは理論から学んだことなんて一つもない。ほとんど体験。全ては体験。そのほとんどは演劇からですよ。あとはその他のいろんな女性関係。

長沼　女性を入れる意味はあるんですよねえ、やっぱり。

森　男性関係も入れる？

一同　（笑）

森　女性といろいろ何かやるときめっちゃそういう微妙な状態になるじゃんか。ならない？

菊池　私、女性とやらないんですけど。
森　たぶん異性と恋愛する時って私が一番苦手としていた部分。自閉症の自分がさ、恋愛しようとしてるわけだからさ。それは難易度高いだろ。だからそこの中での体験っていうのはすごい学習教材なんだよね。それと同じくらい、ステージ。女性関係の方はリスクが大きすぎるからさ。それに比べると演劇体験の方がより安全で、よりスキルフル。だから、それが多分私の精神療法の術。ドラマと精神療法は私にとって完全イコールなんですよ。完全イコールです。もちろん目的は違うんだけどね。やってることも。活動も。目的は違うけれども、スキル的にいうと完全イコール。これは人に伝えられないんだよね。
中野　真似はできないですよ、当然。やっぱりそれは先生のもの、他の誰のモノでもないです。真似できないっていうのがよくわかる。
森　だよね。
中野　今頃になって。
長沼　先生は演劇で役者をやって、あと音楽も実際されたんですか？
森　あ、音楽は作らなかった。音響はやった。音楽を自分では作らないけど、編集はやったよ。
長沼　あとプロデュースとか演出もされた。もう本当にいろんな側面で演劇をやられたってことですよね。
森　やってないのは何だろう、美術くらいかな。美術は私は全くできない。
長沼　でも美術もイメージはあって、演出とかする時にはこういう舞台にしてほしいっていうことは伝えてやってもらってたんですよね。
森　本当にざっくりとした感じ。
長沼　そっちはざっくりと。

森　例えば秀美さん（私の妻の名前ですが）の主演は「ソナチネ」っていう舞台だったけど、実際土を入れて川を作って、白樺を立てて、ベッドを置いて、こんな……コンセプト。土も持ってやってきたし、白樺も軽井沢から運んできたし。

一同　（笑）

長沼　やってることがバブリーすぎて、ちょっと、びっくりします。

菊池　演劇の中でだけ感情を感じる。

森　そうだね。

菊池　で、それ以外の時はあまり感じないまんまなんですか。

森　そうそう。どっかに書いてあるけど、ずっと演劇やってると舞台の上が役なのか日常が役なのか、どっちが自分の役なのかわかんなくなってくるのよ。日常って結構作ってねえか？

中野　それ語ったことあります。人生は舞台じゃないかと言ったら、先生が同じように他の人に言ってる感じですけど、いろんな役割やってますよね。

森　ねえ。一人でいる時も結構作ってねえか。こんな自分でいたいって。これが「私」みたいな。本当のあなたってどこでしょうね。結構思いたい自分じゃない？　周りに人がいるとさ、自分で勝手に「居たい自分」で居られないと思うから「これは役よ」って思ってるかもしれないけど、一人って逆に言うとやりたい放題じゃん。何やったっていいわけだからさ。じゃあ一番そこで作らんか。人って。何でもできるんだもん。で、これこそが自分だっていう風に思い込める。思い込みやすい。

中野　どうしていいかわかんなくなっちゃうじゃないですか。役やっちゃうと。一人でいると自由だけど、どうあればいいか、どうしたらいいかわかんなくなっちゃうじゃないですか。選べるかもしれないけど。

森　そうね。だから自分が役、日常生活の自分の役を楽しめなければ困るだろうね。楽しいんだったら、なんでもあり。めっちゃ楽しい。そうするとまたいろんなことが見えてくる。そういう感覚が面接でもすごい役に立つ。常に自分のやっていることをどっか離れたところで見ている自分がいるってことなんだよね。普段から。面接の最中っていうのはその感覚がより研ぎ澄まされる感じかな。だから何やってたって絶対ここで見ている、演じ続けてるもう一人の自分、演出家が必ず存在する。神田橋條治さんも、そんなこと言ってなかったっけ。

菊池　じゃあ自分ってない、自分なんてものはない？っていう感じなのかな。なんか固まった姿としてはないっていうか。

森　うん。

長沼　私、ずっと自分が俯瞰して考えようとすると、視覚的なイメージなんですけど、森先生の俯瞰してる捉え方は、視覚っていうよりも振動的っていったらいいんですかね、そこが上手く言えないんですけど。振動っていうか聴覚なのか……。

菊池　ぐらぐらーっとくる。

長沼　そうそう。だからこの辺でこうなってて、とかあの辺でこうなってて、とか。なんかこう人が動いてるとか色が動いてるとかそういうのでもなく、もっとこう、なんていうのかな、人がいてこういう表情をしてとかそういう絵ではなくって、動きで把握してる感じがすごくある感じがあって、だから森先生のスーパーバイズを受けて私の頭でも再現しやすいけど、私の中ではマンガ的なんですよね。人と人とのやりとりが絵で動いてる。でも先生の話、先生に質問されるとそれは動くんだけれども、先生の見ているものは私が見ているものとは違うなっていう感じがすごくあって。

森　さっきから私のＳＶだと聞いてるのか聞いてないんだかわからないっていう。あの時はだから、たぶん目つぶってるからだとは思うけどね。そういう風に受け取られる理由の一つは。あの時は、私の自分の感覚としては完全に映像を浮かべてるんだよ。深沢里子先生が言ったようにストーリーを追っていくというよりは、場面を見ている。だから場面が見えてこなければ質問するんだよ。情報として足りないものがあるから絵にならない、映像が出てこないわけ。だからここどうなってるのって。で、その質問を多くの人たちは、なんでそんなことを聞かれるのかって、意図がわからない質問みたいな感じで捉えられることが多いんだけど。どうしてそういう発想になるのか、その質問がどっから出てくるのかわからないっていう風に言われることもあるんだけれども、それは映像を作るために必要な情報として聞いてるんだよね。で、その映像ができたならば一応自分はそのケースを理解したと判断していって、じゃそういうケースなんだったらこうしたらっていうふうにアドバイスするわけ。菊池さんの頃はまだ実験段階。いろいろやってたかもしれないけど。ある程度自分の臨床ができあがってきてから、ね、バイジーのことは目の前にいるわけだからわかってるじゃん。見えてるので。ここの役者と、その話に聞く、このケースが、二人で会って話す場面というものを今イメージしていた時に、シミュレーションって勝手に動き出していくものなので。

菊池　じゃあ当時は、私がスーパービジョンを受けてた頃は、私を動かすっていうよりもそのクライエントさんに自分が面接するとしたらのアドバイスが多かったんですよね。

森　そうそう。

菊池　それだったら、どう考えたってできないわ。で、そのままやったとして、この顔とこの雰囲気でうまくいくかっていうアドバイスが多かったので。馬ノ段さんの頃になるとプロデュースするという感じで、動かす感じになってた。

馬ノ段　パターンがあって。最初は気質に関わる情報を集めて、次に「それでどんなやりとりしたの？」って聞かれることが多かったです。

長沼　先生の映像の作り方のための情報収集の方法まで整っていったんですね。

菊池　でもなあ、そういうキャラの違いは私から見るとここでやらなきゃいけないことの意味っていうか、エッセンスはなんなのかって咀嚼し直せばやれたような気がするんですけど、一番真似できないどうやったって無理だと思ったのは、ものの見方の切り取り方。何がはまるかって感じをどう掴むか……なんて言ったらいいのかな。たとえば「世の中には渦中に入り込んで生きるタイプとマージナルに生きるタイプの人がいる」って、言われてみれば確かにそうかもしれないしっていうような切り取り方。たとえばその話を来た人に言うときにピタッとはまる感じとか。あと、「思春期の子が職業選択していくときに、親を超える感じのことをすると、人は心が痛むんだ」とかっていうのは、言われてみればそういう面もあるかもなって思うけど、そういう風に言葉にして考えたりはしないような、そういう切り取り方って言うのは、どこからくるんだろうなって。自分の体験ばかりじゃないですよね。

森　体験といえば自分の体験なんだと思うけど。それは、単にセリフを作ってるだけなんだよ、私の感覚からすると。

菊池　セリフ……。

森　そうそうそう。芝居、戯曲を書いてるだけ。言語的な話のことを言ってる。

菊池　いろんな過程がありますよね、現象をどう捉えるかという枠組みを把握する、言葉にする、今この人に入るんだって感じ、全部はちょっとできないなーって思って。

森　現象を切り取ろうとかそういう発想じゃない。

菊池　じゃない？。

森　この人に、どんな音を、音としてのセリフを与えたいかっていうこと。私がしゃべる時ってたいていコンマ何秒早く頭の中でその言葉がもう起こってるわけね。だからどうなんだろう、私ちゃんと作曲したことがないからわかんないんだけど。作曲している時とも思う。私がセリフ書いてる時と同じような感覚なんだと思う。だからあなた作曲するんだけど。

酒井　はい。

森　たぶんその旋律って自分にとっては存在するからその旋律って出てくるんだよね。でも今まで聞いたことのない旋律なんだよね。でも、あるんだよね。

菊池　あるところが知りたいんですよ。そこそこ。

森　それは旋律と同じように、セリフが、こんな音の調べとして流れるだろうっていうのが思い浮かぶ。それも演劇でセリフを書くっていうことを四年ぐらい続けてきたトレーニングの結果だと思うのよ。それまで私、書けなかったの、セリフなんて。

菊池　ここにはまるべき、ぴたっとくるセリフを探す感じなんですかね。

森　そう。

菊池　はまる感じか。……っていうのは陪席して見てて、言ってる内容も言われてみればそうかもしれないけど、切り取ったことがない内容を繰り出して、すぽっとくる感じ。これが真似できることはないなーっていう感じがあった。

森　そこでもう間違っても、正しいことを言おうとか……。

菊池　そういう雰囲気は全然なかった。

森　そういう風に考えちゃだめよ。いい感じのセリフって何かって。

菊池　そのいい感じがわからないんですよ……。

宮本　それは伝えたいメッセージとかじゃなくて、もうセリフなんですか？

森　セリフ。

菊池　きわめて感覚的な感じがして、あと幾つかそういうので覚えてるのは、なんの時だったかな……。受験に必要な心だったかなんだったか……。「いわれなき自信と、謙虚な心」って言ったのかな。なんかその時も、言ってるその言葉は確かにそうかもしれないけど、それをそこで繰り出してすぽっとハマる感じが、この、その繰り出す部分を知りたいんですよね、どちらかというと。

森　もし技術的なことっていうとすれば、私のやってることって、いくつかのフレーズを頭の中でまず流すのよ。その中で一番しっくり来るやつを選ぶ。だからまずはバッといいフレーズを思いつこうとするんじゃなくて、この伝えたいこの感情を何通りかで言えるようになるトレーニングをするべきだと思います。

菊池　それで一番しっくり。

森　そうそうそう。それはケースをまたがってもいいのよ。似たようなの。大体ケースに面接に持ち込んでくるテーマって数知れてんで。みんなも悩んでんじゃんか。だから、「あ、またこのテーマが来た」。このタイプってときに、前にこんな言い方、で、そこに入ってればまた使うかもしれないし、入ってなければまたそこで次なるフレーズを考えてもいいし、一発で決めようとしないでいくつか思って。私が文章を書くときになんでそんなに時間がかかるかっていったら、何度校正しているかっていうので。

菊池　いい感じっていう。

森　そう。あの文章はあそこまで言い聞かせるために最低五回は校正してるからね。

酒井　たしかにさらーっといけますもんね、読む時。

森（美）　リズム。

森　リズム。

長沼　私がさっき言いたかった振動っていうのとその感じは、森先生はたぶんしっくり来るっていうやつを、間合いとか声のイントネーションとか、そういうのも全部込みでセリフって言われてるんだろうなってすごく思ってて、それは無理だなーみたいな。

菊池　しかもそのしっくり感っていうのも、来るかどうかって違いますよね。全然似ても似つかない例なんですけど、私、自分っぽくないことをやろうと思って、お花を習う会っていうのにたまに行くんです。変に居心地悪いんですけど行くんです。そうすると、リースとかみんな作ってるわけです、季節それぞれのものを。それで途中で先生がこうまわって来てちょっといじってもらうと、こういう感じっていうところに花がはまってきれいにできていくんですよね。この花がこっち向いてるかあっち向いてるかって別にどっちでもいいはずなのに、大きな違いを生むっていう感じはすごいです。でもあれは、ああいう感覚っていうのは、言葉で聞いてもできるものじゃないですね。鍛錬ですかね。どういう鍛錬かわからないけど。

森　私の場合は鍛錬。黒沢先生の場合はね、もっと言えないよ。

一同　（笑）

菊池　もっと言えない。しっくりさくっといい感じで入るっていうのは、どうやって出てくるんですかね？

黒沢　でもそれないと面接できないですよね。皆さんみたいに頭よくないから、あまりにも何も入らなさすぎてて、入ってなさすぎてて、それしかないんですよ、本質は。

菊池　それを知りたい。聞きたい。あえて言葉にして。

黒沢　ここでこういう風に言えば入るだとか？

菊池　入る感じ？

黒沢　セリフ回しとか雰囲気とか。森先生とは芸が違う。

菊池　黒沢先生は必然があるんですか？

黒沢　森先生のように、先にシナリオありき、ということは、それは私には本当にないですね。むしろ前もって考えない。現場に入って、そこに持ち込まれてくることを、やりとりしながらとにかく観察している。たぶん動物的に。話される内容だけでなく。それを感じ取り反応していくなかで、質問やセリフが瞬間瞬間に複数浮かんできて、いつ、どれを言う？って、頭の中で意外と忙しい。もちろんこういうテーマはこのような話が受けやすいっていう、学習はそこそこあるし、それを参照していることはあるだろうけど。そしてそれを超えてセリフがまさに降りてくるとき、言いながら自分で本当にゾワゾワって鳥肌が立つ。そのときは、面接がそこで決まる感じ。すごい集中のなかでトランスに入っているんでしょうね。あとでテープを聴き直したり、結果を振り返って「よくこんなこと言ったな」ってびっくりするくらい。でも、皆さんは、森先生がやっているようなことは絶対できないって思うと仰るけど、私はその感覚はないですね。ただキャラが違うから、同じやり方にはならないけど、ああそういう感じね、わかるわかるって。

中野　なんか複数浮かべるっていうのは大事なのかなと思って。一個見つけてもだめ。二つ目も普通に見つかると。三つ以上を何か出せればすごいんだと。だから受験生の親子関係で親がぱっと思いつくことを言ってもしょうがない。二つ目で思いついたことで大体本心わかっていて、三つめでひょっとしたらわかってるかもしれなくて、でも思いつかないとほとんど親に何も言えなくなってしまって。だから先生がいくつか使ったっておっしゃったけど、いくつか浮かぶことは大変なことで、どれが正解でどれが一つどれが一番正しいかどれが一度かっていう発想でやってる限り、そういう発想にならないだろうなと思って、複数浮かべるっていうことは実はそう簡単なことではないと思いますけどね、実感として。パターンはいくつかできてきますけど、一つのことでこうしっくりくることが三つ以上浮かぶっていうのはそんなにあることじゃないと思う。それは個人的な感じだけど。

菊池　しっくり感って言うのがね。浮かぶのは浮かぶけど。

中野　かなり意外性が大きかった気がするんですけど。今の菊池先生のお話を聞いていると、凡人というかふつうの人の発想する発想と、やっぱり異質なところがみんな一つくらいそれぞれあるんでしょうけど、そこを見つけて、イメージできて、ここが足りなそう、ここは何か気づいてないんじゃないかとか、こういうところをこう表現すればいいんじゃないかっていうのが、浮かぶんだなって言うのはちょっと。

菊池　でも異質すぎないよね。あんまり突飛すぎると受け入れられないけど、ああそう言われてみればぐらいのところを、際をとってくる感じ。だから入るような気がするんですよ。

中野　わかってるって言っても入んないっていうか、入りにくくてちょっと違う形で気の利いた表現っていうかしっくりくる表現をタイミング良く言ってるのがすごい。

長沼　演劇で、セリフ回しをいろいろ工夫されてたっていうので表現のバリエーションはすごく持ってらっしゃるし、あとそれを舞台で何回も何回も公演を打って喋ってるから、この観客さんの場合にはこの間合いでこう喋るとか、そのバリエーションもいっぱいあって、そういう意味では選択肢がめちゃくちゃ広いっていうのは経験値としてありますよね。

菊池　感情の込め方もないところから出発してるから、すごく細かそう。段階がいっぱいありそう。

酒井　それは仕事の現場だけじゃなくて日常会話から全部ぱって浮かべる必要がある感じで？

森　日常は手抜いてるからね。疲れるじゃない。ずっとやってたら。
長沼　皆から寝ていると言われてしまったりするほど。
森　だから黙ってるんだけどね。私、めっちゃ無口じゃないですか。一応喋るときはそれなりのエネルギー使うので。だから面倒くさい。反応もしない。見てると絶対反応しないでしょ？　反応したら仕事が回ってくるじゃんか。
神田橋　その時、何考えてるんですか。
森　何も考えてない。他のこと考えてる。今日の昼、何食おうかとか。
山村　前に元永さんとかと、エリクソンみたいな人になりたいねっていう話をしたことがあって。例えばフロイトみたいな人になりたい、ユングみたいな人になりたい、どうしたらなれるんだろうっていうでしょ。で、だれか師匠について「なんであああいう人はああいうことができるんだろう」っていうこと考えてたら、一生なれないんじゃないかっていう結論が出た。例えばそのパターンを覚えたり場数を踏んだり自分なりの鍛錬をしたところで、ブレイクスルーはできない。だから、その師匠を持つことを辞める。あの人みたいになるなんて思うなって。自分としてはまる感じっていうのをいつかゲットできるまで彷徨え、みたいな話をしたことありました。森先生がそう言ったはずだけど、覚えてます？
森　あったっけ？　良い話だ。
一同　（笑）
菊池　もっと前に聞きたかったなー。
山村　こういう技法とか、その技法の裏にたぶんこういう考えがある、みたいな説明をたくさん読んでみたところで、それはできるかもしれないけども、上からそれを使う人にはなれない。普通の人は、それがどっから出てきたのかを説明できないので。エリクソンがなんであんなクールなことをし始めたのかって一切説明ができないでしょ。だから、エリクソンみたいになりたいんだったら師匠を捨てるか、みたいな話でした。

森　中野の場合は最初から私は師匠にならなかった。あまりにもキャラが違いすぎて。

中野　だって半年もなかったですから。

森　私が覚えてる中野に対しての一番最初のコメント。「服変えたら？　着てる服」

中野　それはスーパーバイズやられる後かなんかですか。

森　四年生かな。

中野　卒論かなんかのときですね。

森　とりあえず着る服を変えろって。

中野　当時ジャケットばっかり着てましたけど。

山村　なんでそんなこと言ったのか聞いても出てこない。

菊池　その心は？って言いたいとこだけど。

山村　（中野さんに）で、どうなったの。

中野　いや。

森　変えなかったの？

菊池　変えてないね。ほんとに変わってない。会ったその時から今まで変わってない。見た目は。

山村　ちょっとハリが変わった。

森　今からでも遅くないから変えたら？なんか新しい世界が開けるかもよ。

中野　そうですね。そうかもしれないですね。
森　彼は書道が得意だけどさ、彼の書って見たことある？一度見せてもらっておいたほうがいい。もう中野そのものだから。
中野　先生に見せましたっけ。
山村　全然違うよね、鉛筆とかと。
森　ザ・中野、みたいな字。
中野　そんな機会ありましたっけね。
山村　何かで書いてもらったことあるかな。
森　もしかしたら看板書いてもらったりしたかも。菊池は何かないの？
菊池　ないの。自分の好きなものは、人はあまり好きじゃない。やっと最近深海魚とか脚光を浴びて、ちょっと嬉しくなったけど、ダイオウイカの話とか出て、みんなも騒いでてちょっと嬉しいかなっていうくらいで。
森　それはしっくりくる感じがわかるの。
菊池　プログラムやってる時に、メンダコの話を一回したら、最後の感想でクライエントさんから、プログラムの内容全部覚えてないのに、「メンダコっていう生き物がいることを知りました。その時だけ顔が輝いてました」って言われて。しまった……って。
一同　（爆笑）
菊池　メンダコっていうのは、タコなんですけど耳があるんです。耳がこうあって、でも実物を見に行くとマンガで描いたほど可愛くはないんです。深海で生きてるので平たくなってじーっとしていてビシッて耳がこう動いてるだけ。でもその耳でこうやって泳いでるところはかわいい！だけど書道や演劇ほど一般的じゃなくてちょっと使いづらいんですけど。……っていうんでちょっと繰り出し方は困ってます。面接で、私が大体思いもよらないことを、患者さんがえらい感動していつまでも覚えててくれて、自分は言ったことすら覚えていないっていうことが結構頻繁にあるので、もうちょっとはまるところがわかってやってればこういう風な感じじゃないんだろうなーとは思ってます。

長沼　それはそれで面白くないですか。だめ？

山村　意識してないことでちゃんとうまくいっているっていうことですよね。

長沼　そうそう。

菊池　だって困るじゃないですか。なんでそこ拾ってくるかな、みたいな。はめたいというか一応目的を持ってやってるのに、落としどころとか変わるから……。

馬ノ段　森先生がいつもおっしゃってるのは、「エビデンスはあるんだよ、経験に」ってことですよね。

神田橋　森さんの口からエビデンスって言葉が出るの?!

森　今は出さないと生きていけない。

菊池　この前、「私、科学者だから」って森先生が自分のこと言った時にもじもじしちゃって。だって昔自分は科学者じゃないって言ってたじゃんとかってちょっと思った。

私も心理士なのか

長沼　精神保健の専門家というテーマで話し尽くしてないこと、まだちょっと語っておきたいこととかありますか。

森　どうなんだろうね。このメンバーでやっちゃうと、外から入って来た人はわかるのかもしれないけど、このメンタルヘルス、精神保健が常識としている感覚って、中から育ってきた人にはね、これが当たり前なので。

菊池　でも職種とか、背景とかでなんかこう別に心理屋でもないんだしとかなんかそういうの、先生なかったですか。そういう役割で仕事をしていると。心理士ですって名乗るんですけど、でも私も心理士なのかっていわれたら怪しいもんがあるよなっていう感覚がずーっとつきまとう。今もあるんですけど。一応名乗ってはいますが。そういうのはないですか。

森　私、心理じゃないからって口酸っぱく主張してます。そうでないと心理って見られちゃうから。

菊池　一応なんて名乗るか困るんですよね。精神保健ですっていってそれもなんか漠としているし困っちゃうなーっていう感覚が……。

森　私は精神保健っていう。

菊池　「精神保健って、何をなさってるんですかって」。精神科の中で精神保健っていうとまぁみんなやってるからって。なのでもじもじしながら、座りが悪いなって思いながら心理士って言うんです。

長沼　皆さんはどんな風に言われますか。そういうこと。山村先生なんかも資格がない時代から。

山村　資格がない時代って……。

長沼　臨床心理士とか。

山村　ああー。

宮本　看護、ですよね。

山村　そんなの、駿台で言わないよね。
森　山村なんて臨床心理士、取ろうと思ったことあるの？
山村　取って、持ってたんですよ。
森　あ、そうなの。
長沼　失効ですよね。
山村　失効しましたってハガキがくるんですけど。ポイントが溜まってませんでした。一応取ったんですけどね。
森　山村は看護っていうアイデンティティがちゃんとあるんでしょ。
山村　ちょっと違いますねえ。
森　ああそうなの。
山村　一応大学でも看護学科の教員なのに看護の色があるようにみられていません。何だと思われてるんだろう……。来年は居なくなるだろうっていうのは毎年言われてるんですけど、大学から。一応人のお役に立てることを、看護という法律の枠組みの中で考えてみているみたいな言い方はするけど、場合によって心理になったりするのかもみたいなことしか言ってないですね。資格がどうこうというところとはコミットはしなくて。この枠の中でできることは全部やっちゃえばいいじゃんっていうそういう言い方をして。直接手を下せない部分の間接的にできることがあればなんでもやればいいしっていうそういうスタンスではいますけど。アイデンティティと言われると困りますね。
菊池　この年になると考えてないんですけど、卒業してから何年間かは結構ずっとなんなんだろうなーと一応名乗るけどどうなの、みたいな。

山村　保健学科自体がどうなってるのかっていう集団ですからね。資格は取れんわ一般就職する同級生は半分くらいいるわ……。

中野　今のところ揺れてますね。中ではカウンセラーで精神保健。で、臨床心理士も持ってます。でも臨床すって言ってたのが、臨床が減っちゃったし。大学の教員になったんですが、教えているのはそんな詳しくもない発達心理学の担当になって、どうしたもんかなーと。だから専門はと聞かれて臨床心理士、いわゆる精神保健って書いてますね。臨床心理士持ちの精神保健、です。臨床心理士ですよねって言われるのが、昔からそうですけど嫌いで。なぜ嫌いなのかはちょっと、今ちょっと過渡期ですよね、大学の教員ですってことにしちゃおうかなと思って。ただの役割なので。役割と言うと楽なことが多いので。

馬ノ段　外から入った立場として、精神保健学っていう名前がついて楽になりました。心理だけだったら、もうちょっと心の理論とかそういう話に偏る感じですけど、精神保健の広い人を見てたりとか、看護師さんとも話しやすくなったりとか、また違う領域なんだなって。風土というか雰囲気が違うので、多面的に見やすくなる感じがしますね。

森（美）　病院なんかにいると、周りは心理って呼ぶんですよね。求められてるものが、やっぱり昔は本当に一対一の心理っていう心理検査だけみたいなのを求めてたと思うんだけど、今は違うんですよね。ニーズも。もっと広く、いわゆるここで言っている精神保健っていうものがニーズになってるから。私は呼び方はどうでもいいかなって思っていて、そういうことをやっていけばいいかなって思っていて。だから一般の求めるものとか考え方もちょっと変わってきてると思うから、あんまりその辺は、あまり頑固に肩肘はらず。

菊池　近年は場所によって呼ばれ方も違うので、役割も違うのでまあいいかなって。精神保健の専門家っていった場合に、なんとなくその昔そういうことで惑ったなって、しかも上の先輩たちも結構そこで悩んだ人たちもいたらしいことを当時聞いて。どういう風に悩んだかというと、心理職として現場で就職していった時に心理学科を出た心理職と自分の違いって何なんだろうって悩んだ先輩たちも結構いたみたいなので、自分も考えてたなと、もぞもぞっと。

酒井　病院に心理職として勤めていた時は、あんまり自分が大学院時代、学部は心理なんですけど、臨床心理のど真ん中にいなかったことをそんなに悩まなかったです。必要なことに対応していけばいいっていう感じだったんです。その後臨床心理士を養成する大学院に移って、周りは心理臨床ど真ん中の先生がいらして、心理士を育てなくちゃいけないという段になって、結構また、迷い始めて。心理臨床ど真ん中の先生から見ると、私の心理士としての常識がちょっと違うというところがあるのではないか、と思ったりして。

森（美）　でも現代はさ、心理といっても一対一面接だけじゃないんだからさあ、もう関係ないんじゃん。

菊池　病院みたいに、現実が目の前にバンってあるようなところだとそうなるけど、養成校はちょっと違うんじゃないかな。

長沼　「学生」と「理論」と「試験」とがあるので。

菊池　心理プロパーど真ん中の人たちから、面接のやり方から面接構造の作り方から、ごちゃごちゃ言われてうんざりしている先生を知っているので。

中野　指導の仕方が違うよね。養成コースにいるとね。なんか違和感を感じる。

酒井　一方で、私自身は精神保健を学部から学んだ先生方と比べて、自分は外部から来たという認識もあって、精神保健に関する自信がちょっと足りないんですよね。だから私はメンタルヘルスの専門家だからいいんですって風にちょっと言えなくて、焦って、また心理臨床の先生に救いを求めて、教わりに行ったりする。そこで「全然できていないね」と指摘されたりするとどうしていいかわからなくなってしまって。自分はこれでいくのだというのを、どこかに見つけていけたらいいなという風に思ってるんですけど。

心理と精神保健

菊池　心理と精神保健、何が違うんですかって言われたらなんて答えるんですか。
森　全然違うじゃん。少なくとも心理とは。
菊池　感覚的にはわかりますけど、どういう言葉で説明するんですかってこと。
森　まず対象が違う。心理学って心を対象にするんでしょ。
神田橋　あ、しますね（笑）。
森　精神保健ってのは心も扱うんだろうけど、それよりも扱うのは生活でしょ。
菊池　ああ、なるほど。……ん？　でも本当ですか。生活って言い切っちゃっていいのか。
森　生活じゃないの。家庭生活とか。
神田橋　ハッピーで居られることが目的。
森　そう家庭生活、就労生活、学校生活。
菊池　楽しく、すこやかというか。
長沼　健康は必要ですよね。
森　そこにコミュニティ、自分の関わってる、所属しているコミュニティっていうところがセットになっているのが精神保健だよね。それが対象になってる。心理学っていうのは純粋に心の部分を抽出していく作業だから、そこにフォーカスしていくのが心理学でしょ。社会心理学になっていったら集団的な心理。数は増えるかもしれないけど心理が対象である、心が対象である。そこにちょっと行動がくっつくのかな。やっぱり心理なわけよ。でも精神保健は決して心は中核の対象じゃない。そこに焦点が絞られるってことはない。

長沼　コミュニティ心理学の場合とだとどのくらい重なりがあって、どのくらい違うかっていうのは……。

森　コミュニティ心理学っていう言葉が、いかに従来の心理学がコミュニティを相手にしてこなかったかっていうことの象徴じゃん。つけなくちゃいけないよねってあのボストン会議で決めたんだよ。

宮本　ポジティブ心理学も。ネガティヴがあるから、ポジティブって。

森　そうそう。

菊池　つけなくちゃいけないんだ。

森　ケネディさんが、心理学者さんたちもうちょっと仕事してくださいって言って喝入れたんだよ。それでようやくコミュニティ心理学ができたんでしょ。

菊池　そうなんだ。生活ね。

神田橋　社会福祉の勉強を一、二年かじってみたその中で私が一番なるほどなと思ったのは、理不尽な感覚なしでみんなが生きることを目標にするのが福祉だっていう言葉があって。

森　理不尽？

神田橋　理不尽な目に合ってるっていう感覚。超ハッピーとかじゃなくてもいいんだけど、自分は理不尽な目にあってるっていう感覚がない状態が、いい状態。福祉が目指すべき状態。

長沼　「社会正義」の説明ですか？

神田橋　社会福祉の人がすぐ正義とか言いたがるのはあまり好きじゃないんだけど。何を目標に社会福祉と言うのかっていう話の中で、住んでる人、個人もそうだし集団もそうだけど、理不尽な目に合ってるっていう感覚がないこと……。例えばお金がない生活をしててもハッピーな人っているじゃないですか。だけど搾取されてるとか、自分はもっと能力あるのにお金もらえてないと思えば理不尽な気もするじゃない。それが良くないんだ、そうじゃない社会を作るのが、社会福祉の目的だっていう風に言ってる人がいて、それはすごい納得って感じだったんですね。精神保健もどこか通じるところがあるのかなーと思って。

長沼　私も就職して社会福祉学の領域にきたら、学問の人たちは、「社会的剥奪」とか難しいことばっかり言うんですよね。それはそれで蓄積があるので、ケンカ売る訳じゃないんですけど、でも一瞬ピンと来ない。実践の現場では、生活とか、体があって人が暮らしていて営みがあってっていう目線を持ってるので、自分の中では精神保健との違いによる混乱は逆に減ったかなって。ソーシャルワークとは生活のところのお手伝いをするお仕事ですよって言えるので、つながって来る。もちろん福祉学からソーシャルワークを学んでる人とはいっぱい考え方やものの見方にズレがあり、社会正義の実現のためにとか権利をどう考えるかとか言われると、私の発想とは違うこともあるんですけど、でも結局、生活だよねってお互い一緒にやれる所に来れるんですよね。

神田橋　あまり概念的な言葉だと世の中からもずれてくる。

長沼　生活って、似たような言葉だけどちょっと違ったりしますよね。

菊池　確かにイメージとして福祉って怒ってる人多いなっていう感じがすごくあって。

神田橋　最終的には制度と戦うとかね。

長沼　闘うとか、すぐ言うんですよ。

菊池　フェミニスト・カウンセラーの人たちの怒りも福祉の怒りも似てるなって思ってたらその辺なんですね。

長沼　勉強すればするほどめんどくさいって思うこともあったりします。でも、「生活」のところは精神保健から来た私にも「腑に落ちる」気がします。
森　だから対象がそうやって心理学とは全然違うし、方法論が違う。アプローチの方法が違う。
宮本　私一応、精神看護学の専門家ですって言われることがあるんですけど。前に、山村先生と話したことがあると思うんですけど、精神看護学をうちの教室で学んだから、精神看護学の王道の人たちがどういう考えなのかがよくわかってない。
一同　（笑）
山村　ああ……今言う？
宮本　山村先生はわかってるかもしれないですけど。
森　どこにいるの、精神看護学の王道って。
宮本　わからないけど、聖路加とか？　わかんないですよ。
山村　大体具体的な場所にいるんですよ。
酒井　萱間真美先生はど真ん中ではない？
宮本　萱間先生はど真ん中だと思うんだけど。違うのかな。どうなのかしら。よくわからない。でも萱間先生も大学院うちの地域看護に来たから。
森　じゃ、うちが王道なんじゃないの。
山村　ちょっと違うんですよね。看護の生活と福祉の生活。
長沼　同じ言葉だけどちょっと色合いが違うんですね。
山村　たぶんここは相当ずれますよ。

菊池　なんかもっとドンピシャな言葉があればいいのになあ。
長沼　それこそ実践現場で看護と福祉はけっこう仲悪いんですよ。どっちも生活を見るっていっても見方が違うから。
森　看護はどう見るの？　あんまり看護は戦わないの？
山村　看護ですか？　戦いません。
中野　中では戦ってるよね。
宮本　中でね。中でぐるぐるしてる感じはしますね。
山村　中だけで。外には出ていかない。
菊池　よく多職種チームでやっていて、心理士は何を今の段階で必要だと思いますかって聞かれる時がある。やっぱり「今は心理のことやってる時じゃないでしょ」みたいなケースがけっこういる。「借金整理とかその辺をばっちりやってからです」みたいな感じで言えるのは、精神保健だからかもしれない。それはありがたいことだと思ってます。
森　方法だって当然集団的なアプローチが多くなるだろうしさ。現実的な話が語られるよね。ファンタジーの話じゃなくてさ。精神保健だと、今日明日具体的にどうしていくかっていう話に当然なっていくし。それに対して具体的に動かなきゃ部屋の中で話し合ってるだけだと何も動かないって。

心理の人は外に出ない

神田橋　逆に心理の人は本当に部屋の中で話し合ってるだけなんですか？

森　ホントに出ない人は出ないよね。
神田橋　（黒沢先生に）そうなんですか？　いろいろ言われてきたけれど、どうなんでしょう？
黒沢　自分は全くそうじゃないので。
森（美）（出ない心理士は）しかも何やってるのかわからないのよね。チームなのに。
菊池　それは守秘義務の元に言わなかったりとかね。
黒沢　私が受けた臨床心理の教育は、「スペシャリストになるな、ジェネラリストになれ」というような、そういうスタンスのことが中心で、スキルや方法論については後回しだった（編集部注＝黒沢は上智大学 霜山徳爾先生門下）。臨床心理の立場に懲り固まることが戒められ、クライエントを生活全般から理解して関わることを厳しく教えられたから。また、学部から実習に行った精神科病院でも、患者さんに生活があること、心理の人はそういうことを見落としがちと言われ、患者さんの家庭に訪問して手伝ったりしてました。何が心理の王道かわかりませんけど、少なくとも私には、部屋の中でこもって、という発想は育たなかったですね。
菊池　心理もいろいろなんですよね。
等　引っ越しすると土地土地で、全然違うし……。
黒沢　部屋の中でしかやらないっていうのは、そういう人たちがいることも知ってるけど、でもそんなことしててどうするのって思うのが普通じゃないの。
等　それは心理の人だってそうだと思うんですよね。
黒沢　だから森先生に心理の人はってすぐ言われるけど、はあ？ みたいな。どんな領域にも了見の狭い人はいるんじゃないの。それを一緒にくくられて心理って言われても、心理職でもちゃんと動いてる人いっぱいいるよって思う。

森　その了見の狭い人たちがどこにいるかなんだよ。臨床心理の場合、中核にいるんだよ。
黒沢　中核にいなくてもお仕事ちゃんとするもんって思ってる人いっぱいいると思う。
菊池　そりゃいっぱいいますよ。
森　そういう人たちがパワーを持ってくれればいいんだけどさ。パワーを持っているのが、そういう変な、偏った考えを持ってる人たちが中核にいるもんだから。
菊池　戦いすぎてわかんなくなっちゃってるのかもしれませんけど。
森　心理もそうだし福祉もそうだよ。看護もそうかもしれない。
宮本　私、看護の実習は森先生に連れていってもらったから（笑）。だから誰に教わるかって大事な気がする。
　笑いながら言ってごめんなさい。
黒沢　確かに誰かに教わり、はじめにどのような経験を積むのかは大きいね。
山村　心理的な要素をきちんと見れたりとか、いじることができる能力と実際の人間が生きてるっていう現物感みたいなもののバランスが違いますよね。部分をシステムから切り離した状態で別個に扱うような感覚がおかしな状況を、全体に及ぼしているように思います。鼻だけ、目だけというパーツのみの独立した美容整形は全体としての整合性を欠くかもしれない、というような話でしょうか。美容整形の患者さんもハマるじゃないですか。あそこいじれここいじれって何万もかかるでしょ。心理も心理にかかりたい人がいるから成立しているわけであって、中毒なのかも。そういう意味では行き過ぎたものっていうのはオイシイですからね。
長沼　最近ソーシャルワークで担当している事例でこういう風にずれるんだって思ったことがあります。他職種の方は、学校でこんな風に困っててお家も大変でお母さんも相談行ける場所が必要でとかいうことをちゃんと全部見立てて紹介してくれるんですけど、全部それぞれがバラバラなんです。お子さんの問題に対しては子どもの総合病院か、教育相談所か児童相談所かが使えます。それからお母さんはご自分のために何か続けてくださいい、ただ民間だから利用料がかかりますね、時間もかかりますね、などと。いろんなことが並列されていて、学校も困っているし母も大変だがとりあえず病院に受診するって言っています、という所でつながれた。私は何をしたらいいんだろうと思いながら、ちょっと細かくお話をお聞きしてみたら、「お金大丈夫ですか」と気づいいた。経済的にきつくて働いていて、さらに病院の予約は三カ月後だと知らされて。それまで困った状態で待てますか、大丈夫ですか、って立体的な話し合いが必要だった。そういう具体的な現実感の感覚っていうのはあるんだろうとは思います。

菊池　精神保健の方がなんか良さそうじゃないですか。福祉も心理ももっともっと広がればいいことですよね。時代はそっちに流れてますよね。

長沼　今は多職種連携とかになっていて、役割分担ができるのでいいなとは思っています。自分は最初の細かくお聞きしてというのはやらないでいいので。ちょっとすごいドライな人みたいになってますけど。役割分担だなーって。

森　でも、心理の人もこれから大変だよね。位置づいていくんだろうと思うけどさ。これ今までは心の専門家で心理はやって来れたけど、この時代になってきてそれが通用しないところで、じゃあ心理学の専門性を彼らがどこで主張してくるのかっていうのは大変だろうな。まあ、他人事だからいいんだけどさ。どこで落とし前つけるんだろう。

長沼　一番若い世代はどう覚えますかね。

森　それが、社会構成主義的な相互作用論者になっていくと、コミュニケーション能力を売りにしようとしてるんだよね、今。時代が社会構成主義だから。ある程度コミュニケーションのことを言ってるわけでしょ。すべては相互作用。相互作用の専門家が私たちですって。

菊池　……なんとなく面倒臭い気持ちになるのはなぜだろう。

森　それでうまくいけばいいけど、私はそれで上手くいくとはなかなか思えないんだよね。

菊池　逆にそういうのが苦手な人間が集まる領域ですよね。

中野　院生を見てそう思わない？

酒井　コミュニケーションが苦手な人のほうが多いってことですよね。思います。あまり人のことは言えないですけど、学生もコミュニケーションが得意な人は決して多くないですよね。

宮本　ちょっとお聞きしたいのは、精神保健学、精神看護の教室に来た人たちはみんな心理になるわけじゃないですよね。っていうか今はもう臨床心理士資格はとれないし。馬ノ段さんは資格をもって入学してきたけど、ほとんどのうちの院生の精神保健学の人は何も持ってないっちゃ失礼ですけど、精神保健福祉士を取るか取らないかくらいの感じで、その人たちは一体どういうアイデンティティで生きていくのかな、と。

菊池　今の教室は研究指向だよね。研究者になるって感じですよね。ある意味それがはっきりしなかった時代にいたから余計に座りが悪かったのかもしれないですけど。

森　看護とか福祉っていうと一応なんだかんだ言ってどう定義しようとも、盤石の基盤があるからさ。心理は基盤がないからね。どうやってみんなのお仲間に入れてもらうのだろう。なかなか大変だと思いますね。

元永拓郎（もとなが・たくろう）　宮崎県生まれ。宮崎県立宮崎西高等学校卒業。東京大学医学系大学院保健学専攻（精神衛生学）博士課程を修了後、駿台予備学校心理カウンセラーを経て、帝京大学医学部精神科学教室助手となる。二〇〇一年より帝京大学文学部心理学科専任講師。二〇一三年四月より帝京大学文学部心理学科教授。臨床心理士。日本学校メンタルヘルス学会理事長、日本精神衛生学会常任理事。コミュニティにおける心の支援のシステム構築が最大の関心分野。

山村　礎（やまむら・もとえ）　東京大学医学部保健学科卒業。東京大学大学院医学系研究科保健学専攻博士課程修了。博士（保健学）。東京都立精神医学総合研究所研究員、東京都立保健科学大学を経て、首都大学東京健康福祉学部教授。職種を問わず、精神衛生領域で様々な臨床活動を行ってきた。現在も獨協大学で精神衛生員を兼任。一人でも多くの学生にメンタル領域の醍醐味を知って仲間になってもらえるよう奮闘中。

神田橋恵里子（かんだばし・えりこ）　東京大学理学部卒業後、同大学大学院医学系研究科修士課程修了。駿台予備学校生活カウンセラー等に勤務後、退職し四人の娘を育てる。縁あって東京パイロットクラブに所属。また、必要に迫られ社会福祉士の国家資格を取得、さらに税理士の勉強に着手するなど、流されるままに生きるのがモットー。

等　祐子（ひとし・ゆうこ）　お茶の水女子大学文教育学部教育学科心理学専攻卒業。東京大学大学院医学系研究科精神衛生学修士課程修了。保健学修士。臨床心理士。富士通（株）カウンセラーを経て、スクールカウンセラー、その他教育相談機関や保健センターなどの臨床心理士として勤務。東京、愛知、滋賀へと転居が続き、出会いに導かれつつ臨床の毎日を送っている。

菊池安希子（きくち・あきこ）　東京大学大学院医学系研究科保健学専攻博士課程単位取得退学。博士（保健学）、臨床心理士、精神保健福祉士。現在、国立精神・神経医療研究センター精神保健研究所司法精神医学研究部室長、同センター認知行動療法センター室長（併任）。専門は、精神病の心理療法。幻覚・妄想の世界に惹かれて、はや十数年。メンダコなど、柔らかめの生き物が好き。

中野良吾（なかの・りょうご）　東京大学大学院医学系研究科保健学専攻博士課程単位取得済退学。修士(保健学)。臨床心理士。（旧）国立精神・神経センター精神保健研究所薬物依存研究部研究員，学習院大学学生相談室相談員を経て，現在，創価大学教育学部准教授。専門分野は，青年期（大学生，大学受験生）のメンタルヘルス。

森　美加（もり・みか）　東京大学医学部保健学科卒業。（株）博報堂勤務を経て，東京大学大学院医学系研究科精神保健学分野修了。保健学博士。臨床心理士。現在，東京慈恵会医科大学精神医学講座・助教。駿台予備学校生活カウンセラー。立正大学非常勤講師。女性のメンタルヘルスをテーマに，歌って踊れる臨床家を目指して，日々精進に励んでいる。

酒井佳永（さかい・よしえ）　東京大学大学院医学系研究科精神保健学分野修了。博士(保健学)。臨床心理士。順天堂大学医学部精神医学教室助教を経て，現在，跡見学園女子大学文学部臨床心理学科准教授。精神科における心理臨床と臨床研究，そして大学院における臨床心理士養成が，相互によい影響をもたらしつつ両立できる状態を目指している。

下段左から，森美加，山村礎，森俊夫，長沼葉月，黒沢幸子，中野良吾。上段左から，宮本有紀，酒井佳永，菊池安希子，馬ノ段梨乃，等祐子，神田橋恵理子

宮本有紀（みやもと・ゆき）　東京大学大学院医学系研究科精神看護学分野修了。博士（保健学）。看護師、保健師、精神保健福祉士。東京武蔵野病院看護師等を経て、東京大学大学院医学系研究科精神看護学分野准教授。対話と関係性、ピアサポート、瞑想に関心あり。森先生に教わったブリーフセラピーは自分が生きていくための知恵、拠り所。

馬ノ段梨乃（うまのだん・りの）　東京大学大学院医学系研究科精神保健学分野修了。博士（保健学）。臨床心理士。現在、京都産業メンタルヘルスセンター勤務。京都府立医科大学大学院医学研究科精神機能病態学・特任講師。産業メンタルヘルスとリワークをテーマとして、楽しく役に立つ実践家になるべく、絶賛修業中。行動指針は、「それ、やってて楽しいの？(by 森先生)」。

長沼葉月（ながぬま・はづき）　東京大学大学院医学系研究科精神保健学分野修了。博士（保健学）。精神保健福祉士。駿台予備学校生活カウンセラー、ＫＩＤＳカウンセリングシステムカウンセラー等を経て首都大学東京人文・社会系社会福祉学分野准教授。ブリーフサイコセラピー×精神保健をソーシャルワーク実践にどう生かすか試行錯誤中。

第５章　二人のエリクソニアン

東　豊×森　俊夫（時々　中島、黒沢）

はじめに

森　早速ですけど、ブリーフ学会、はじめてよかった？

東　ほんとそう思っている。

森　じゃあ、設立趣意書ってあるの読んでいる？

東　編集さん、ここカット。いきなりカット。

森　（大笑）――短期で効果的、効率的心理療法というのはどういうものか。流派を乗り越えて、その効果性とか、効率性とか、どうしたら少しでも短くなるのかというのを皆でディスカッション、議論しあう場、それが研究学会であるって書いてあって、もう二十何年経った。

東　早いね。

森　私もそろそろ死ぬ時が近づいてきた自覚がほんまにあるのよね。一度学会作った手前、今のところまでのことと、こういうことではないかということと、心理療法の効果性ってこういうところから生まれるんやないかとか、効率性とかはこういうところから生まれるのではないかとか、なんでもいいねんけれど、自分がやってきた心理療法をそれぞれまとめてみようかという感じで、東先生や明後日は吉川悟さんらに来てもらってる。

東　吉川さんも来るの？　ぜひやっつけてやって（笑）。

森　来ていただいて先生方の意見うかがいたいし、あとは一応生前追悼文集という位置づけなんで、先生方から少しずつでええので森臨床をコンプリメントしていただくという形です（笑）。

黒沢　お手柔らかに、という意味です。

東　こっちがお手柔らかにしてもらわないかんです。だから手土産持ってきたんや。これ、何のために持ってきたか（笑）。

森　私の場合はブリーフの学会つくったからブリーフを始めたわけだけれど、東先生は。

東　森先生はそもそも何で首突っ込むことになったの？

森　それはエリクソン。ブリーフセラピーというよりも、最初はヘイリーの本読んでエリクソンに興味を持ってエリクソンの文献読んでいた。それでうちの院生に神田橋恵里子というのがいて、神田橋條治先生のご子息の嫁さんがいた。大学院当時、神田橋と付き合っていたわけよ。今でも月一回東京に出てきてるやんか。それでそのときに神田橋條治先生と会わせろよということになって、みんなで神田橋先生と新宿で飲んだ。神田橋先生もエリクソン・オタクだから。

東　ああ、そうなんだ。

森　それで話が盛り上がって、エリクソン財団に行きたいって神田橋さんに言ったら、自分は直接のコネはないけれど、財団とコネをもっている三人の先生を知っていると。そのうちの一人が宮田敬一先生、もう一人が高石昇先生、もう一人が柴田出先生。この三人の先生の連絡先を教えてもらって、宮田先生に電話をかけた。そしたらすぐ財団と連絡を取ってくれた。

東　それが最初なんだ。初めて聞いた。そうだったんだねえ。

森　それでエボリューション・カンファレンスに出席したんだよね。そのとき私アメリカまで二回行っているんよ。十二月にエボリューションの『21世紀の心理療法』、誠信書房から本になっているけど、あの大会の次の大会に参加したのかな。

東　なるほど。

森　菊池安希子とかと行った。それですごい感動してこれや!! と、とにかくこういうことを日本でもやろうと。

東　それはいつ？

森　一九九〇年。一九九一年にはもう研究会ができた。

東　懐かしいな〜。

森　それがきっかけやね。その頃からブリーフという考え方ではなくて、エリクソン一辺倒やったんや。

東　ブリーフという言葉なんてどうでもよかったんでしょう。

森　そうそう。

東　とりあえず「エリクソン」とばっちし合ったという感じだよね。わかる、わかる。僕も最初ブリーフサイコセラピー研究会つくるって聞いたとき、ブリーフって何？　って聞いたタイプやもの。知らなかったもんね、そんな言葉。

森　そうなの。

エリクソン

東　僕も臨床の世界に入ったばかりの頃からエリクソン大好きで、ずっと高石先生のもとで教えてもらっていた。明けても暮れてもエリクソンばかりで、ひょっとしたら何かで読んだことあるのかもしれんけれど、ブリーフセラピーという言葉が全然印象として残っていなかった。それはよく似ているね。

森　ソリューションなんて最初聞いたとき、なんやこれって思ったよ。今でも思ってるけど（笑）。

東　さて、そのへんからゆっくり聞かしてもらいましょか（笑）。

森　家族療法系から入ってないからあまり馴染みないよね。だからソリューションはそんなにピンときたわけではない。

東　森さんの言うエリクソニアンというか、森流と言った方がいいのかもしれないけれど、その重きってどのあたりにある？

森　皆が言っているようにユーティライゼイションやね。

東　やっぱりユーティライゼイションね。なるほどね。

森　あとはけっこうコンフュージョンも大事にしている。

東　その二つが一番のポイント？

森　そうね。

東　昔からそう？　何か変わってきた？
森　変わってない。
東　首尾一貫してる。すごいな〜。ユーティライゼイションって意図的にすることあるけれど、コンフュージョンも意図的にやってるの？
森　やってる。
東　やっぱ意図的にやってる。それはすごいな〜。
森　東さんはやってないの？
東　やってない。
森　無意図で人をコンフュージョンさせているのね（笑）。
東　いや〜、かもしれないね（笑）。意図的にコンフュージョンを起こすってすごく難しいことだと思うのよね。
森　そうかな。それほどでもないと思うけれど。
東　ほんと〜？　僕は若干苦手意識があるかな。例えば最近やったのでうまいコンフュージョンってどんなのあるの？
森　昔はテックニックを磨くという意図があるから、ものすごくわかりやすいコンフュージョンをやってた。
東　例えば？
森　例えばクライエントさん一人ひとりが部屋に入ってくるときに、待ち方を変えるんや。
東　はぁ〜ん。
森　どうやってクライエントさんを部屋に引き入れるか。だいだい事前情報があるやんか、どんなクライエントさんでも。初診で来るかっていう事前情報あるでしょう。それを見たり、相談申し込み用紙とかじっと見て、多分こんなやつが入ってくるな、こんな感じで来るな、だったらこういうふうに待っといてやろうみたいな。例えばコンコンってノックして開けた瞬間、はい、どうぞいらっしゃいどうぞとやることもあるだろうし、入ってきたときにハンバーガー食べていて、ちょっと待っててねとか、スポーツ新聞を読みながらハンバーガーずっと持っていたりとかさ。

東　そこからもうコンフュージョンを起こす。

森　部屋入ってきたときからや。

東　なるほど〜。

森　そういうところからもう一つひとつね。私はけっこう修験者なんですよ。トレーニングが好きなんです(笑)。必ず毎日自分の臨床の中で、今日はこういうところをトレーニングをすると決めてる。

東　セラピーの中で。

森　そうそう。

東　セラピーの中でも自分自身の練習やっているわけや。

森　組み立てているわけよ。

東　その経験はなかなかのもんやね。こうしたらうまくコンフュージョンを起こせるとか、外してしまうとか、だんだんと知恵を蓄積していくわけや。

森　こういう人にはこういう入り方がいいとか。

東　ある意味、僕と対極かもしれんね。僕はいつもジョイニングとか言って、とりあえずその人の雰囲気とか持ってるもんに合わそうとするやん。コンフューズと逆やね。でもコンフューズを、その段階からもう狙っているわけだ。

森　そうそう。

東　面白いな〜。

森　そこは多分エリクソンから入ったか、ミニューチンから入ったかだよね。

東　僕もエリクソンから入ってるんやで。

黒沢　ホントかな（笑）。

東　だって昭和五十五年の四月に高石クリニックに就職して、そこからはもうエリクソン一筋やもの。そこで三年半くらいしてから福田俊一先生に出会った。彼は僕のセラピーを見て、「お前のやっているのは家族療法だ」って言う。ほんで「家族療法って何？」って（笑）。マジでブリーフも家族療法も何も知らんかったの（笑）。そんで、「俺はエリクソンの真似しているだけだ」って言ったら、「お前のは家族療法でいうところの戦略的なアプローチ。僕はミニューチンから構造的なアプローチを勉強してきたから一緒にやろう。二人が手を組んだらものすごいものができるぞ」などとおだてられて、それで始めたのが淀屋橋心理療法センター。だから自分の出自はエリクソンだと思っている。

　ただその後、本格的に家族療法に入っちゃったから、ミニューチンの影響とかめいっぱい受けているのは間違いない。だけど元をたどれば、僕だってエリクソン（笑）。ただエリクソンってさ、森さんに言うのも釈迦に説法だけれど、「通訳」によってエリクソンの解釈って違うやん。僕は高石昇翻訳のジェイ・ヘイリーを「通訳」として出会った。森さんは？

森　もちろんジェイ・ヘイリーは重要。ヘイリーだけではなくて、当時は文献集めていた。日本にはエリクソンの文献なんてほとんど入ってなくて、ほとんど毎日国会図書館に通っていた。

黒沢　凝りだすとそうなる。一つの作家を全部読んでから、もうわかったからいいって言って、次に行く。い

東　つもそのパターン。
東　はぁ〜。凝り性やな〜。現在はどんな？　誰のメガネ通したエリクソンが一番自分にピタッとくる？　あるいは森のメガネというのができているのかな。
森　多分、できている。誰がいいというか、やっぱりジェイ・ヘイリーはいいんちゃうの。
東　ジェイ・ヘイリー好きやったな〜。過去形やけど。
森　いいと思うよ。
東　ところで、今は面接やっていないよね。
森　今この時点ではやっていない。
黒沢　入院前まではやっていた。
森　もうちょっと具合良くなったらやる。
東　病気して、なんか変わりそうな感じする？
森　変わらんでしょう。まず初回の完全認識を入れてないけれど、病気の体験は今のところ自分にとってあまり強い影響は与えていない。
東　ああ、ほんと。
森　それによってセラピーが変わるということもなさそう。
東　前に一度、大衆の面前でやったじゃない。でもあれはデモンストレーションだったから、そういう意識で見ていたから。できれば本当の面接、見てみたい。面白いやろな。
森　自分でいうのもなんだけれど、私の面接は面白いよ。黒沢先生のも面白いよ。
東　別の意味でね、タイプ違うものね。僕と黒沢さんはどっちかというと近いと思うよ。

黒沢　ジョイニングしまっせぇ。

東　どうしてもジョイニングから入るねんな。

森　ジョイニングはすごい大事。若い頃、コンフュージョンをかなり鍛えたからそこは努力しなくてもできるわけよ。でもジョイニングはね。

東　なるほど〜。コンフュージョンよりもジョイニングの方が大変（笑）。

森　そう、ジョイニングは未だに努力しないといけない。だから言い聞かしている。

東　そこが逆なんやね。僕はジョイニングはきっとすぐにできるけれど、コンフュージョンを意図的に起こそうと思ったらすごく頑張らないといけない気がするもん。しんどいもの。さっき森先生も無意図でコンフュージョンやってるのねとか言ってくれたけど、本当に自分ではそういう意識ないしね。コンフュージョンは僕の中では頑張らないかん代物。森先生が羨ましいわ。

芝居か芸か

森　そのへんは芝居の影響は大きいよ。

東　芝居ね。

森　どうやって人をびっくりさせるか、普通はつまらないから。だから普通じゃない瞬間をつくるかというのをずっと枠筋でやってる。その延長でコンサルに入っていく。

東　なるほど同じことやっているわけや。

森　逆に、ジョイニングの演劇はやりたかないわ。

黒沢　確かにな～。

東　やっぱり客席をびっくりさせんとね。それこそが感動やしね。なるほど、演劇か。演劇は僕も好きやったけど、やったことないな～。

森　東さんは漫才とか落語でしょう。

東　好き好き、落語大好き。

森　自分ではやらんの。

東　もうやらん。昔、一つ二つネタ覚えてやっていた。昔って言っても小学校から中学校ぐらいのときやけれど、好きやったな。人前でやったことはないけれど。

森　絶対にそのへんのところが今でもセラピーに何か活かされているはずやね。

東　う～ん、そうね、意識しているわけやないけれど、おそらく間合いとか、テンポとか、そういうことには落語のノリがあるように思う。だから講演なんかでも、調子良くしゃべってると、落語聞いてるみたいですって言われることがある(笑)。こっちにはそんなつもりは全然ないんだけれどね。やはり影響ないことはなくて、それは多分あると思う。黒沢さんも落語やっていない？

黒沢　落語はやっていない。だけど両親は転勤族だったけれど元は関西だったから。

東　ほなお笑い文化やな。

黒沢　父が家によく部下を連れてきて、父の話しぶりがまあ落語っぽいというか、なんかどっかで笑かすんですよね。東京に来てからもずっと関西弁しかしゃべらない人なので、その雰囲気が上方落語的。私は、人はそういうふうに話をするもんだと思っていた。父はけっこう偉い人になっていたので割と公の席に出るんですが、鼻っからどんな偉い人がいても関西弁で必ず笑いをかますんですよ。少し大人になってからどっかで聞くチャンスがあると、ああうまいな〜と思った。そういう人だった。普段はすごい無口だったけれど。

東　そうなん。

黒沢　人がいると面白いこと言う。

東　なんかプロの芸人みたいやな。

黒沢　今聞いていて、そういう影響があったのかなと思いました。母も天然で、面白いことをよく言うし。

森　東さんは家でもしゃべっているの。

東　家でもわりとしゃべっているね。

森　（明石家）さんま系？

東　家でも職場でも、面接中でも、よくしゃべっている。僕の臨床、相手の話を聞くどころかしゃべっている方が多いっちゅう話があるくらいやから（笑）。森さんも面接中によくしゃべるやろ？

森　私はしゃべらない。半々くらい。

東　半々ならよくしゃべってるよ（笑）。

森　面接の最初は半分から三分の二は絶対傾聴している。ほとんど聞いてる。

黒沢　ひたすら。

森　質問すらない。ず〜っとメモしている。

東　はぁ〜。

森　ほんでブレイクいれるの。そこからは私の出番や。クライエントさんに喋らせへんくらい。

東　ひっくり返すわけや。

森　私の面接は構造的にわかりやすいよ。
東　相手の話を聞きながら考えてるんやね。ここをこんな風にひっくり返してやろうとか、そのためにこのネタが使えるなとか。
森　だいたいネタ揃って、ブレイク入れて一旦、頭の中でシナリオを組み替える。それやってから入る。このへんも芝居の影響。要するに幕がほしい、間がほしい。
東　じゃあ全部のケース、途中で休憩を入れる？
森　すぐ終わりそうなときはいれない。一時間以上かかりそうなケースは入れる。
東　僕は休憩は入れることないな。ずっと以前は、途中で一回マジックミラーの後ろに行ってああじゃこうじゃと考える時間が必要のごとく言われていたので、そんな風にやってたときもあるけど、今は休憩とらない。院生に何か指示を与えるときぐらいなもの。むしろ中断されることをできるだけ避けたい。
森　黒沢先生も同じだよね。
東　またか〜。なんか嫌やな（笑）。
黒沢　私も止まるのが嫌かな、かえって勢いや流れでいきたいから。それをうまく使ってスッといきたい。
東　そうやねん。何か間をあけると一からスタートせなあかんみたいな。でも森さんの場合は仕切り直して一からの方がいいのね。なんか面白いな〜。
黒沢　森先生はやりとりしないんです。
森　面接では会話がない。
黒沢　そう、会話がなくって、どっちかのターンなんです。
森　そう。下手したらワンターンで終わりよ。

東　さんざんしゃべって（笑）。
森　そう、それぞれさんざんしゃべって。
東　それに対して向こうから質問とかないの。
森　あっても少しや。
黒沢　こういうことなんですね、はぁ～みたいな。
東　じゃあ、サヨナラって（笑）。面白い！　その種の面接したことない。というか、僕にはできないと思う。
黒沢　珍しい方。
東　珍しいタイプじゃないかな。あまりいないよね。吉川も多分だいぶ違うよな～。
黒沢　だいぶ違う。
東　誰か、この人って俺とタイプ似ているなという人いる？
森　いないね。
東　普通はクライエントと会話するよね。
黒沢　会話しないなんてね～（笑）。
東　やっぱりおかしいよ～（笑）。
森　自分のリソースをいかしている。
東　そうなんやろね。森さんの個性を上手に利用しているんだね、きっと。

円環的因果律

森　東さんに、昔から一つだけ聞きたいことがある。
東　何でも聞いてください。
森　すごい初期の頃、東大の山上会館に家族療法のワークショップのいっちゃん最初やったかな、来てもらって、そこで円環的因果律の話。
東　ああ。
森　家族の中のやりとりをA、B、Cって、グルグル。
東　円環について説明するときのたとえね。
森　いろいろな現象を「記号」として理解することが大事みたいな話をされた。
東　そうそう。
森　単なる一つの要素としてとらえることがけっこう大事なんよということを東さんは言ってたけど、あそこだけは今でも引っかかり続けている。ほんまにそう思って、やってはる？
東　あのね、それ厳密に言うと、初期の頃はそう思おうと一生懸命だった（笑）。今は実は思っていない。でもあの説明は、家族療法の入門編の講義では今でもよく使うのよ。家族の中で起きていることや世の中の現象を単なる「記号」「要素」だよとまでは言い切らないけど、いろんな価値とか意味を与えないで、現象をあるがままずっと追っていきなさいよということを強調するときにはね、とっても使いやすい説明なの。若い頃は、全てのことは本来無意味で特定の価値・意味はどこにもない、すべては後付けされたものであるという、なんかガチガチの社会構成主義者みたいなことを言ってたけど、今はそこまで思っていない。

森　要素として見ろって、誰が主に言ってた？

東　僕は声高に言ってた（笑）。吉川も言ってたかもしれん。他に誰が言ってたか知らんなあ。僕は「全部記号だよ」って言ってたけど、あれは今思えば対機説法だったと思うね。当時、僕の講義の受講生のほとんどの人が意味に囚われていて、そういう人たちを相手にしていたから、「意味から離れろ」というメッセージを伝えたいという意図はすごく強かったね。いったん意味から離れて自由になって、そこから新たな意味に入っていくことを伝えたかった。リフレーミングのコツやね。当時は特にそれを強く押し出す必要があって、対機説法的な方便的な講義をしていたと思う。もちろん、今も必要があれば使う。たとえば教育関係者に講演するとして、「親はこうあるべき」「これが原因あれが原因」、そのようなことを本気でとらわれている人たちに対しては、三十年前と同じような方便話をする。そして、自分がかけている色メガネをどれだけ外せるか、それにまずチャレンジしてもらう。そのうえで、そこからまた意味の世界に入っていく。すべては記号やなどと言ってたら実際には世の中生きていけるわけないから（笑）、やはりいずれ来た道に戻ってくるわけなんやけど、つまり意味の世界に入っていくわけなんやけど、一度でもただの「記号」だという意識を通過するのとしないのとでは全然違う。語用論的態度というのか、実用主義的態度というのか、そんな構えができて来る。色即是空、空即是色みたいなもんやな。そんな感じはするよ。そこがとても必要だと思う。だから三十年前に森さんが聴いて違和感を持った僕の話、繰り返すけどそれは当時の、あるいは目の前にいる聴衆のための方便的な話であって、確かにちょっと偏っているの。そういう意味じゃ、違和感持たれているのは正しいし、そこで違和感もったというのはすでに森さんが抜けている人やからよ。そこをいっぺん抜けて、その先のところまで行っているから、そこから聴くと違和感を感じる講義になってしまう。でもその前段階にいる人からしたら目からうろこの話かもしれん。だから、その人がどのステージにいるかによって見え方が全然変わってくると思う。

森 この前ニュースレターかなんかで、虚無のことを書いてましたよね。

東 要素だ、記号だなんて世界観にいっちゃうと、下手すると行き着く先はニヒリズムになってしまう。実際、僕はそうなった。そのようなものの見方が必要だと意識するあまり、結果的に唯物主義のニヒリズムになってしまった。

森 記事を読んで、東さんがニヒリズムだとは思わなかった。私の方がニヒリズムだね。東さんはニヒリズムが強くて、それにつぶれてという時代があったかもしれないけれど、私はぜんぜんつぶれる要素にならないんだよね。世の中の全ての現象に意味はないというのを知ったのは、けっこう小さいときなのよ。

東 ませたガキやな～(笑)。

森 そのことに関してはね。中二かな、物理の勉強しているときに、意味ないなと、よく覚えているんやけど。だからやっぱり早い、そこに到達するのが早い。話が戻ってしまうけれど、僕は最初、そこに一所懸命に行こうとしたの。自分の中がすっごく意味だらけだったから、意味の世界にどっぷりひたっていたから、そこから抜け出たかった。しかしその結果、そこが森さんと僕の違いなんやろうけど、僕は利己主義に行っちゃったのよ。森さんのえらい所は、そこに行かなかったでしょ、多分。僕は三十代から四十代初頭くらいまでむっちゃ利己主義に走って、オフレコやけど○○○○○○○。その後も○○○○。あの時代は僕のニヒリズムの最たる時やね。人間死んだら終わりなんやから、やりたい放題、やった者勝ち。眼耳鼻舌身、五官を満足させることが人生の究極の目的。これが僕の人生哲学やった(笑)。物がなくなったら終わりという発想。眼に見えるものしか、あるいは科学しか信用せず、快楽を求め続けたね。そしてとうとう病気になった。そこで初めて気がついたのね、生き方の間違いを。でも森さんは利己主義には行かなかった。

森　利己主義は利己主義よ。好きに生きればいいやんって思っている。

東　人に迷惑かけてないやろ？　人を悲しませてこんかったやろ？

森　そんなことない。存在してる限り人に迷惑かけないことはない。私が食べれば餓死する人が出てくる。

東　（笑）。でも社会通念上の意味で、人にすごい迷惑をかけて誰かを泣かした、私欲のためにだました、利用した、というのはないやろ？

森　そんなことはない。多分、黒沢先生はその一部はご存知かもしれない。

黒沢　いや、森先生が思っている以上に存知上げています。

一同　（大笑）

東　この際、全部懺悔しとき！この本は懺悔の書になりそうやな（笑）。

黒沢　知らないと思っていることといっぱい（笑）。

東　懺悔の会になりそう（笑）。

病で気づく人生の智？

森　今、森さんは病気やけど、僕も病気して、一番大変やった時期は半年間くらいやったけど、本当に難儀した。でもあのときベッドの中であれこれ考えたことで、あれでずいぶん自分が変わったな〜。変わったというか、小学校、中学校時代に戻った気がする。システムズアプローチなんかに出会って、そのものの見方にずんずん没入して行こうとした頃と、自分の生活が乱れっていったのはどっかで符合していたような気がするのよ。システムズアプローチに責任転嫁したらいかんけど。でも病気のおかげで我に戻れたって感じかな。森さんはそういった意味で、病気の影響はない？

森　真っ最中だからね。

東　そうか、真っ最中は、あまり考えないかな。

森　どうだろう、多分あまり影響ないとは思う。すごい偉そうな言い方やけど、今やっている作業はもう済ましてきた気がする。

東　今やっている作業って？

森　死ぬための。

東　死ぬための作業？

森　そうそう、そうそう。

東　もうちょっと詳しく教えてよ。

森　今、死に直面してるやん。そう長くないということもわかっていて、自分の人生ふりかえりつつ、この後何ができるかということを考えないでもない。考えるやないですか。その作業って、私はもう済ましてきた気がする。

東　病気になる前からね。

森　前からね。わざわざ今の時点でえらいこっちゃ、どうするねん、みたいな感覚には全然なっていない。そういう意味ではものすごく大きな影響はない。だから結婚したときと同じような感じかな。結婚したときもあまり変わらなかった。二十三で私は結婚したのよ。

東　早っ！

森　いろいろ悪いことやっていたからさ。一緒に悪いことやっていた時代やんか（笑）。

東　それって一緒にされて嬉しないわ！（笑）。

黒沢　迷惑かもしれない（笑）

森　私はすぐに結婚しちゃったけれどね。してなかったらちょっと東路線にいってたかもしれない。子どもが生まれたときは、やっぱりだいぶ変わったよね。これはかなり大きく変わったね。

東　何が変わったの？

森　いろいろ、いろいろ。そのときに初めて家族システムってあるなっていうのを実感した。

東　自分の家族から。

森　そうそう、すごい絡んでくるやん。孫できると全然変わるね。

黒沢　今まで夫婦で好き勝手やってればよかったのが。

森　そうそう、二人で芝居行ってたりしたのが、そうもいかなくなる。結婚しても変わらないけれど、子どもができたら変わるな～。それは面白かった。

東　病気してもそういうことを全部済ましてきたというのはええことやね。慌てることはないもんね。

森　慌てる感じはないね。もうちょっと慌てろやと、みんなから言われているような気がする。

東　森さんは僕からみたら、さっきニヒリズムて言ってたけれど、どっちかというと唯心主義に近いよね。だって死んだら終わりと思っていないでしょ。

森　そうだね。

東　そこでもう決まり。人間をただの物質だと思って、死んだら終わりだと思ってやりたい放題やるのか、人間の本質を霊的なものととらえ、身体は乗り物で、「森俊夫」も「東豊」も現世での乗り物に過ぎない、死ぬことイコール乗り換えるだけという感覚があるかどうか、それが一番の肝やと僕は思っている。要するに死後のことがとても大事。親鸞が言う所の後生の一大事。死んだ後のことをどう考えているかということが、現世の生き方と大いに関わってくるんとちゃうかな。僕はそうやったな。

それを思って、森さんの今の状況に直面しても腹の据わった状況をみると、ああこの人は元々唯心的な人だったんだろうなと思ったのよ。森さんからもらったメールでも、生まれ変わったら建築家になるとか、本気で、書いてあった。そういう発想がパンパンできる人というのは、ほんと唯心的な人だと思うし、宗教的に言うと、きっと真理がわかっている人だと思うの。だから平然としていられる。今の森さんの前で偉そうに言ったら笑われるかもしれないけれど、多分僕も自分が死に直面したら平然としていられると思う。別に死ぬのは怖くない。肉体を脱ぎ捨てるだけだから。目に見える肉体ではない本当の自分というのがある。本当にそう思っているので、死ぬのは往生、つまりあっちの世界へ生まれ変わるだけ。転任する感じ。きっと森さんもそのようなことを直感的に知っている。だから森俊夫はニヒリズムではないと思う。どうかな。

森　そう。じゃあ、ニヒリズムじゃなくて何なのかな。

東　教えて（笑）。

森　私は絶対に楽観主義、オプティミズムではないね。

東　うん。

森　平和主義でもないしな。

黒沢　前よく言ってましたけれどね。

森　そう？

東　平和主義だって？

黒沢　誰に対しても同じように。

森　ああ、博愛主義。

黒沢　そうだ、博愛主義というのをよく言っていますね。

東　大事なことやね。

森　そこは自分の中でけっこう一応自慢できるところかな。人を差別しないというか。えこひいきしないというのかね。

東　昔からそう言っていたの。

森　そうね。かといって別に人に優しいわけではない。どっちかというと人に対しての評価はけっこう厳しいかもしれない。

東　でも今の話を聞いて思うのは、森さんは人を利用してやろうとか、そういう発想がそもそもない人なのよ。ある意味できっと子どもみたいに純粋な人なんよ。自分のことは謙遜した言い方するかもしれないけどさ。僕も今は博愛主義だろうけど、さっきから言うように、ずいぶん遠回りをしてきた感じがする。だから博愛主義をずっと通してこられたというのは、やはり森さんは違うね、ステージが高いね（笑）。

森　菩薩やと思っている。

東　そう思うよ。だって人の寿命なんて、こんなこと言ったらあれかもしれないけれど、長生きするヤツほど現世で修行せんとあかんタイプのヤツなんだから（笑）。だから今の話聞いたら、やっぱり森さんは最初っから、つまり現世に現れたときから、できていることが多いんよ。これは慰めとかじゃなくて、本当にそう思う。意識の高さが違う。

スピリチュアルと心理学

——以前、東先生とは仏教のことやスピリチュアルな話をしたいって森先生は言っていましたよね。

森　スピリチュアルな話？

東　あまり興味ないでしょうが。

森　あまりないね。

東　ないと思うわ。でも、生まれ変わりが云々と言ってるのはネタで言ってるんとちゃうでしょ？　ほんとに思ってるんでしょ？

森　半分本気。口で言っているだけやなくて、絵は見ているからね。

東　それ、無茶苦茶スピリチャルやんか（笑）。

森　前世二場面が見えている。来世一場面見えている。

中島　建築家やっている自分の姿が見えているってこと？

森　建てている。

東　（中島氏に）おい、どうするよ、来世、その家に住まないといかんってなったら（笑）。

中島　そうですね、それはそういう運命じゃないですか（笑）。

東　スピリチャルに興味ないとかいいながら、森さんは根っからもってはるんよ。

森　スピリチャルの定義によるね。

東　スピリチャルというとちょっと誤解を招くね。スピリチュアリティという方がいいと思うけれど。どう定義したらいい？

森　私、あまり興味はないし、定義もしたくはない。東さんのお好みの定義はなんなんですか。

東　実は僕もあんまり定義は考えたことないんやけど(笑)。なんやろうな〜。直訳したら霊性？　僕にとっては物や人を物質としてみないこと。すべての本質を霊的なものと考える生き方。僕はちょっと度が過ぎた唯心主義かもしれん（笑）。

森　そういう意味でいうと九八パーセント、私は唯物論よ。

東　ほぼ万事は物だと思っている。

森　残り二パーセントぐらいかな。そこで説明できない部分があるとしたら。中島先生も医者やからそうだと思うけれど、基本的に脳ってみているよね。

中島　そうですね。

東　脳ってなんだと思っているの？

森　心をみている感じ。

東　僕は心こそが本来百パーセント、このコンピュータ（脳）を操作できると思っているの。ただし心をご神仏とつなげることができればの話。つなげればつなげただけ操作確率は上がる。いや、アブナイ話。だから行き過ぎている（笑）。

森　可視化したら九八パーセントはこのコンピュータ自体の仕事。残り二パーセントは……暇やったらいつか考えようみたいなかんじ（笑）。私は少なくとも心理学というやつは、心はちょっと置いておいて、私の場合は心理学とはほとんど接点がないんです。一応、土居健郎がいた教室やから精神分析はあったけれど、そういう意味でつながっているくらいかな。授業でも心理学の授業は土居先生のしか受けてないし。あまり興味がない。

東　私も心の理にはあまり興味ないけれど、真の理の真理には興味はある（笑）。

森　そういう心理学的ないわゆる心、一般に使う意味での心を大事にしている人間かと言われたら百パーセント違うね。だから多分東さんも違う。

東　違う。

森　でも、我々一応医学部というアイデンティティがあるから、それでも仕事できるじゃん。でも心理の人って、もし心理を信じなかったら何をバックボーンに仕事をしはっているのか、いつも私はそこが謎なんですけれど。

東　他の人はともかく、僕の場合で言えば、今は心理学自体にはほとんど興味がない。最初っから特に精神力動的なものの見方には全く興味がなくて、ちょっと行動論いったけれど、それもやっぱり違うということで、エリクソンから入って、結局システムズアプローチのものの見方で仕事上の勝負ができるというところに自分をもっていったと思うけれど、さっき言ったように病気になっちゃったからね。やはり別の「しんり」、真の理の方を求めていけば人間や現象についての「私なりの理解」が進んだし、結果的に仕事も私生活も楽になった。やっとそんなことに気がついて今に至るこの十年。そんな感じやね。現在ね、システム論も正直言えばどうでもいい(笑)。もちろん大学の講義や講演なんかではきちっと話すよ。いきなり真理を語りだしたらどっかの教祖でしょう（笑）。ちょっとするけど（笑）。だから一応、臨床心理学的な範疇のコンテンツで言えば、システムがどうの、コミュニケーションがどうの、そんな話を繰り返しするのが僕の心理学の仕事。でもじゃあ東はシステム論をバックボーンに仕事をしているのかと言えば、今ではそうではないの。必要なものは真理学だね（笑）。森さんは何を大事にやっているの？

医学か心理学か

森　医学はだからすごく大事よ。
東　別に体を診ているわけじゃない。
森　でも脳は診てる。
東　人の脳を変えている感じがある？
森　そうそう。そうそう。
東　会話で。いや、森さんの場合は会話じゃなかった、ワンターンで（笑）。
森　ドーパミンとかセロトニンとか流れている、ちょっと滞っているとか、見えるよね。見る気になってみれば見える。
中島　見方というのはありますしね。
東　どこを見ているの。
中島　皮膚の色とか、発汗の具合とか。動きとか。ドーパミンの足りない動きだな〜とか（笑）。セロトニン足りないからこうだとか。
東　そっちから入る？
中島　いやいや（笑）、思ってみれば見えるという話です。
森　一応私はどんなクライエントさんと会うときでも、診断つけるのは自分だよ。

東　森さんが？

森　診断なしも含めて、必ず診断つける。基本的に私の診断に基づいてやっている。だからある意味、私のやり方って精神医学的にオーソドックスよ。

東　診断というのは精神医学的な診断？

森　そうそう、そうそう。

東　うちの学生に話してくれたとき、森さんの上手い言い方あったやん。

森　気質論？

東　それそれ。

森　気質論も精神医学診断の補助。完全に発想は医学ベースなので、心理ベースでは全くない。心理のことを語るときはクライエントさんに説明する、ブリッジかけるために何かの心理学の概念をもってくるだけやねん。

東　僕も学問的な意味では心理学的なこと興味ないけど、森さんにくらべたらやはりだいぶ心理主義者やね。さっきも言ったように、すべては心が生み出すと思っている。唯心主義者。心で現実はどうにでもなるとマジで思っているから（笑）。もちろん、そんなことクライエントさんには言わないけどね。「どうにもならない現実」を組み立てているクライエントさんの心の姿が見えてくるから、それを会話で変えていこうとする。会話で、この人はどう変わっていくかなというのを楽しんでいるといったら怒られるかもしれないけど、実際のところ僕はセラピーを楽しんでいる。このクライエントさんの心が、現実の中のどの事象に焦点を当てていて、どんな意味づけをし、それをどのように言葉にしているのか、会話しているのか。そのような不自由な縛りの中で結果的にどのような現実を構成しているのか。そのような縛りが百パーセントほどけるとは思わんけれど、どこがほどけやすいか、それを僕の感覚で見積もっていく。その際、システムうんぬんなんて実は頭にこれっぽちもない(笑)。ただ心理療法の理解する上でのひとつのツールになるから、自分を含めた周囲の関係性の理解の役に立つから、学生には熱心に教えている。学生は、システム論ををひとつの道しるべとして臨床の大海にこぎ出せばいいと思っている。学生が自信を持つためのひとつの視点の獲得が必要。それにシステムという考え方を使っているだけであって、そこでまたそっちに固まってしまったら、それはそれでとても不自由。システム教信者で終わってしまったら困る。

黒沢　やっている側としてはそっちにまたガチガチになる。

東　そういうことです。下手するとかつての僕みたいに利己主義になっちゃう。ならないか(笑)。ともかくそこへ連れていってはいかん。でも学生たちの自分に対する縛りをいったん崩すためにはシステム論はとても使える。でもそこまで。僕は吉川悟ほど真剣にシステム論教育をしていない。

一同　(笑)

○○○学派

東　皆さんから見て、吉川悟は真性のシステム論者でしょう？　違うかな？

中島　いや〜、最近はわからないですよ。

東　少なくとも僕よりは本物。僕はすごくええ加減。東もシステムズアプローチだと言われることが吉川は迷惑がっているのではないかと思うことすらある(笑)。実は僕自身は別に自分のやってることをシステムズアプローチって思ってないいんだけどね。仕方なしになんかのついでに言うことはあるけれど(笑)。じゃあ、

森　何派だとマジで問われたら、困るけどね。森さんだったらどう言う？
東　私はエリクソニアンって言える。
黒沢　エリクソニアンって言える！　ええよな〜。そんなんがあって、羨ましいよね。黒沢さん、どう言う？
東　私もいつも困りますよ。エリクソニアンまで言えないし、別にブリーフセラピストっても思っていない。
黒沢　じゃあ、どう言うよ。
東　ソリューション好きですけれど、一つのやり方というか、便利な通り道、あれを使うとすごく本質に迫りやすい。
黒沢　本質って何？
東　本質ってさっき言うていたようなことですよ。心というの。私も元々心から入ってないなと思う。私は心理学の先生やっているので、あんまり言えませんが、心理学ってあまりちゃんと勉強していない。
黒沢　一緒や一緒。僕、大学のときに一般教養で心理学の単位を落としたもの（笑）。
東　心理学やカウンセリングの方から入ってないんですよ。なので何派と言われたら、ソリューショニストと言われるのもちょっと自分の中で違う。それどころかだいぶ違う。
黒沢　だいぶ違うよね。
東　でも、他のもので言われるよりはまだ近い。
森　まだましか。
東　霜山派でしょう。
黒沢　でも霜山徳爾先生は、方法論は何も教え込まなかったから（笑）。というか、何でもあり。何じゃなきゃいけないということ自体がとらわれだから。

東　まあね。

黒沢　だけど何かにコミットしなければ力がつかない。さっきの森さんの修行ではないですけれど、でもそれだけにとらわれたら本質はみえない。二律背反みたいなことばっかり言われてきたので。

東　いい話や。今ではようくわかる。でも若いときはわからんかったやろな～、きっと。

黒沢　かといってなんでもいいし、どれも違うといって何もコミットしないのは結局、何もできない人だから意味がない。

東　そうなんよ。

黒沢　それはもっと性質が悪い。かといって何かにコミットしてそれなりにできるようになって、もうそれが最善だとか、最高だとか、それしかないというふうに言い出したらもう終わり。

東　そこを捨てなきゃいかんわけや。そういえばさっき森さんが、ある人の本を集中的に読んで、わかったって捨てて次にポンといく。あれは正しいスタイルだと僕は思うよ。

黒沢　そのときはそればっかりしか読まない。

東　それが一番いい。

黒沢　それが仮に推理小説だっとしても、何だとしても。

東　そこにコミットするわけやね。そこが大事よね。あれもこれも知ってるみたいな顔して、実は深いところは何ひとつ知らないのとは全然違う。

黒沢　そうですよね。

東　そうか～。エリクソニアンか。羨ましいな～、俺も言いてえ～。

森　言うたらええやんか。

東　二十五から三〇歳くらいまでは僕はエリクソニアンって言っとったけど、今はもうよう言わんわ。
森　なんで。
中島　言った者勝ちですよ。
黒沢　中島先生は今の質問されたら何て言っている。
森　当然エリクソニアンや。
中島　最近はなんでしょうね。なんかあまり言われたくないですよね。
東　そうだよね。でもなんか言わなあかんときってあるやん。何て言う？
中島　占い師みたいなの憧れますけれどね。
東　ああん？
中島　仕事からすると占い師ですよね。究極の姿ですよね。
東　占い師、いいね、言いたいね〜。
中島　つくづくそうですよね。僕らの仕事は占いの仕事とほとんど一緒ですからね。白衣も着ないし。どうなんでしょうね。
東　陰陽師とか言われたら一番嬉しいんやん。
中島　そうですね。
東　でも、仕事何してますかって聞かれて、陰陽師みたいなことですって、あんま言われへんしね。
中島　（心込めて）陰陽師でございます、とか。
黒沢　中島先生の今の言い方、それっぽいよね。
中島　本当に職業陰陽師だと思っているので。本当にこうやりますからね。結界をここらへんにおいてとか、龍脈がこの地下には通ってますねとか、本当に信じていますからね。もうそれでやっています。その世界が一番楽ですよ。でも、エリクソニアンって、そういうふうに言っていただいて嬉しい感じしますね。

東　嬉しい。

中島　ええ。やっぱ、占い師とかはダメですよね。

東　ホントはぜんぜんそれでいいんやけど(笑)。僕はブリーフセラピストと言われるよりはまだ家族療法家の方がいいかな。

森　そうなん？

東　なんでかわからんけれど。ブリーフセラピストと言われることの方が抵抗あるかな。なんでだろう？

森　どこが抵抗あるの？　仲間だというのが。

東　僕は複数の人相手に面接すること好きやん。それが関係しているのかもしれん。僕の思い込みかもしれないけど、ブリーフセラピーってどっちかという一対一のイメージがあるやん。その点家族療法っていうと、複数の人を相手にってイメージでしょ？　そっちの方が好きやから、多分それだけのことやね。やっぱ家族療法家やな、僕は。

ブリーフへのこだわり

森　東さんはブリーフにはこだわりはあるの？　単純に短いということに。

東　それはある。ものすごくこだわりがある。面接が始まる前になんとかしたい(笑)。会う前に全部終わらせたい。たとえば新規のクライエントさんについて、情報があろうがなかろうが、ずっとその人のイメージを頭の中でつくるわけよ。そして自分の中でその人が完璧にＯＫな画像をつくっていくわけ。それが自分の中でふわ〜って出てきたら、もうほぼ面接前に解決が約束されている。会う前に万事ＯＫなのよ。そういう状況に自分をもっていくのが一番好きやし、大事なことやと思っている。面接前に勝負付けるほうが楽チンだし、実際、それができると思っている。だから僕にとって究極のブリーフセラピーというのは、面接開始前に終結していること。ただね、それが現象世界に現れてくるスピードというのは他の要因、たとえばクライエントさん側のさまざまな事情も絡んでいるから、必ずしも現世時間的な意味での「短期間」で解決するというわけではない。ここの所は大事やね。決して時間のかかった場合の言い訳ではないよ。時間空間の枠組みの中にこちらの描いた像がどのように投影されていくかは見てのお楽しみ。こちら側にまずはしっかりとした像さえできあがっておればいい。クライエントさん完全ＯＫの像。これも僕が病気してからわかったこと。ただし学生に伝えるのは気を遣う。聞きようによっては危ないしね。とは言いながら、面接に入る前にちゃんと拝めよ、なんて学生にアドバイスすることあるけどね（笑）。学生には面接中のアレコレを乗り切る技術的なことも教えないといかんのやけど、実際はそんなの関係ない。良い心象がきっちりできたら、面接で何やってもうまくいくようになる。本当はこのことを一番教えたいの。

東　東さんがそのブリーフの感覚もってはっても、大学自体がブリーフちゃうでしょう。今の龍谷大学自体がブリーフではないじゃないですか。

森　いろいろある。

東　けっこうある。

森　吉川悟、僕、赤津玲子さんが、システムとかブリーフとか家族療法とか言っているグループで、あとは精神分析系、ロジャース、行動療法、もうひとつは宗教系のビハーラ。ビハーラって知っている？　仏教のホスピスみたいなもの。大きく分ければそういう感じかな。そのあたりがいっしょにディスカッションしてる。

森　学生はそのブリーフの感覚を大事にしろと、一律に教わっているわけではない。

東　それはない。所属するゼミによっていろいろ。オリエンテーションによっては「問題の存在」が前提になっていて、「問題の発見と理解」が大事であるといったこともあるやろうしね。同じ系列の吉川ゼミや赤津ゼミだってどうしているのか実際のところは知らない。ただ、少なくとも僕のゼミ生には、「会う前から解決できるセラピストになれ」と伝えている。それができたらもうお前は陰陽師や、なんてね（笑）。究極、そこを目指しているね。ただそこに行くまではテクニックを教えないかんのよ。ジョイニングやリフレーミングの仕方。そういったテクニックも教えないかん。それでまたテクニック中心に走る学生は叱らんといかんし、微妙やね。あっちこっちウロウロ。学生にも文句言われながら、行ったり来たりや。

森　面接回数ゼロにするテクニック一つだけメッチャお手軽なのがある。

東　何？

森　面接日の予約を先にとる。

東　確かにその間に良いことがいっぱい起きる。でも、それにしても一回は会わんといかんやんか。要するに初回面接で解決するということでしょう？

森　いいや、そもそも面接に来ない。先にもっていくと。

東　なるほど（笑）。

森　たまにいいクライエントさんがいて、予約とったから来ましたけれど、何悩んでいたのか忘れましたみたいな感じで言うてくることがすごく多い。ああいう体験は学生は早いうちにしとくべきやね。ただ単にテクニックの話だけやなくて、人って別にカウンセラーと会って話したからようなるんやないよということを、ちゃんと事実に基づいて学んでおくべきや。

東　森さんが言っていることはすっごく正しいと思う。それと同じような話でね、よくあるのが、例えば学生のケースがドロップアウトすると学生が落ち込むのね。それは違うって、良かったやないかって僕は言うの。そもそも人が心理療法を受けるのって不自然な話でしょ。来なくなるのは自然に戻ったってことですよ。ところがなんとか面接を維持せんといかんと思って頑張ってる。継続させることが目的のようになって頑張っている。そこまで頑張らないでいいんよ。ドロップアウトはけっこうなこと。先日も、クライエントさんが「ちょっと今週、体調悪いんでキャンセルします。次はまた必要があったら電話します」って。これでいいんよ。でも学生は落ち込む。

森　落ち込んだの。

東　落ち込んだ。二回ほど面接したと思うんやけどね。学生は、続かなかったことで自分が否定されたように感じてしまうの。

森　M１？

東　M１の後期。その学生にとって初めてのケースだったかな。

森　それで落ち込む。続けることに意味があるというのがよほど蔓延している。

東　蔓延している。だから、予約入れてるのに来ないというのはダメなんじゃないですかっていう反応が出てくるわけよ。でも実はそれがある意味では最高の形なんだというのを学生たちに経験させるというのは大事な話よね。たとえキャンセルのあと、そのクライエントさんが他のセラピストのところに行ったとしても、それでいいの。それは、その人の人生がもっといい方向に動き出したことを意味しているの。うちの家内（精神科医）なんか、若い統合失調症の患者さんが新患で来たりすると、この人がどうか早く私の手元を離れて良い医者にかかれますようにって祈りながら診察しているって（笑）。「私から離れたあとのクライエントはきっと幸せになる」。そのような思いを強く念じることこそが、もう会えないクライエントさんに対しての何よりのサービスと思うけどな。

平均の面接回数

森　実際のところ東さんのところは平均したらどれくらいの回数やっているの？

東　実際の面接回数？　1回から8回くらいかな。10回超えるというのはめったにない。超えちゃうと当面続くことになる傾向があるような気がする。平均は7回くらいかな。ただ間隔はね、月に一度の人もあれば、毎週という人もあるけれど。

森　平均したら7回もいってないんちゃう。平均したら多分2、3回やないの。1回、2回、3回って思ってらっしゃるよりも多いと思う。私は1回が一番多い。平均すると2以下やね。

東　すごいね。私も1回で終われるときもあるけれど、それほど多くない。院生に経験させなければならないといった制約も影響していると思う。でも確かに、私を指名して来られた場合は1、2回で終わることが多いかな。遠方から来られるという制約もあるかもしれんけど。

森　そうだよね。それは普通やと思うのよ。その普通をちゃんと院生たちに教えてやらんといかんのよ。それが普通なんやということを若い人たちに教えてあげないと、なかなかようなっていかんよね。

東　あのね、1回で終わったりするケースあるやん。すると僕も学生にあまり説明しないというのもあるのかもしれないけれど、なんか適当にやっちゃったみたいな（笑）。何かええ加減なことしているというふうにみられる可能性がある（笑）。

森　あるね。

東　それが必要だというふうにはなかなかならない。

森　そこらへんをきっちりケース検討会したらええ。長いケースばかり検討しているでしょう。

東　そうよ。

森　そうやなくて、早く終わったケースをきちんと検討会して、この終わり方は本当にこれで終わって良かったのかも含めてきちんと検討できればええと思っている。

中島　僕も新患はほとんど1回ですから。

森　パニック系は時間かかるのよね。すぐようなるんよ。ようなるんだけれど、パニック系の人ってようなったらようなったで、けっこうこっちにぺたっと依存してくる。切られることの恐怖ってすごい強い。だから早うよくなっても、一年、二年以上はお付き合いしてあげないというのがあってちょっと面倒くさいね。

短期化において大事にしていること

森　短期間化に向けて、東先生的には何が一番大事ですか。

東　それはさっきも言ったけど、面接前のイメージ作り。もうすでになんとかなっていると思えることですよ。これに尽きますよ。長期間かけて治療することが大事だとか、そもそも治療は長くかかるのだとか、そういう信念を持っていると実際にセラピーは長くかかってしまう。そういった縛りがセラピスト側にあると、それが現象化する。ここが胆だと思う。クライエントさんがそう思っていてもそれは仕方ない。俺のは少々長くかかるやろなとか、この病気は治りにくやろうなと、クライエントさんが思っているのは仕方ない。その縛りがあるからこそ病気なわけやから、ある意味。でもこっちも一緒にこの病気は時間かかるでぇ、てこずるでぇ〜、えらいこっちゃでぇ〜って同調したら、そこである意味ジョイニングはできているけれど、本気だからこれは巻き込まれているということ。だからこっち側に「こんな病気はすぐ治る」という信念がどれくらいあるか。たとえクライエントが「すぐには治らん」だとしてもこっちは「すぐ治る」。そういった信念のせめぎあいやね。そのせめぎあいが、僕からしたら「会話」なんやね。議論やないよ。まずこちらがどれだけ確信を持って会話に入っていけるかといったことがとても大事。「この病気は難しいやろうな」と弱気に思ったら会話に力がないし、実際に治りが悪い。自分の中で「難しい」というのが出来上がってしまうと、万事そこまで。あくまでこっちの信念の問題。ズバリ、そこだけですよ。一流のセラピストになるってことは、実にそこのところをどう鍛え上げるかに尽きると思っています。生意気言うようですけれど、本気でそう思っています。

東　なんか話が終わったな。まさにそうだと思う。

森　若いとき、他の学派の人から、「もっと時間をかけんといかん」とか「本質的な問題がなんやらかんやら」とか、ああいうの聞くたんびに、毒をかぶらんように一生懸命やったね（笑）。せっかくこっちがきちんとできているときでも、足引っ張りみたいな感じでくるから大変やった（笑）。今はそれも楽しんでいるけれどね。本来、時間は不要。本音を言えば一瞬。ただそれがこの時間空間の現象界に姿を見せるのに早い遅いがあるだけ。

診断という縛り

東　診断もそうだと思う。診断した上で、そこからどう自由になるかが大事。診断名は縛りやからね。ただだっきのシステム論の話といっしょで、縛りやけどちょっと役に立つねんな。でもやっぱ、しょせんただの縛りやねん。勝負はそれをどのように利用し、あるいはどこでそれを捨ててしまうかやね。しかし下手すると専門家までそれに縛られてしまう。この診断名だからこうだって、すぐに色メガネ。

中島　縛りですね。

黒沢　森先生が必ず診断名つけてやるのは、その縛りをうまく使うということですか。

森　そうだよね。クライエントさんたちってほとんど例外なく縛られたい人たちなのよ。だから縛ってあげる。これでしょう、今までこれやと思っていたけれど、違うのよと。

東　それ、森さんは嫌がるかもしれないけれど（笑）、吉川悟のやり方に似てるよ。

森　もし同じやったら、これから吉川さん好きになろう（笑）。

東　彼、ほんと上手に利用するの。

黒沢　特に今のフレーズね。「これやと思うとったやろう。違う、これやねん」って。

東　ただ彼は診断名には本気の所では全然こだわってない。森さんの場合はどう？

森　けっこう自分的にはこだわっているつもり。そのものの説明に入るわけよ。さっき私の面接ってモノローグでやっているというたじゃないですか。診断って語りを構成しているわけだから、一応タイトルやん。だから俺もこだわるよね。そのタイトルの付け方一つで、お話の出来栄えは左右するやん。

東　そのお話の中身が、縛られたい相手に入りやすくするためのタイトル。
森　そうそう、そうそう。だからこだわるのはすごいこだわるよ。
東　そうか、それはわかる。
森　ちゃんと純粋に生理学的に信じている部分ももちろんある。単なる方便だけで言うているのわけではなくて、それはある。一番簡単な例で言えば、例えばメジャーディプレッションとバイポーラ、症状はうつね。これ間違ったら大変なことになるよね。
中島　そうですね。
森　これは一番単純な例やけれど、そういう意味でももちろん単なる方便だけじゃなくて、そういう意味で誤診は絶対しちゃいかんと。
中島　というか、診断の名前はどうでもいいんです。分け方もどうでもいいんです。なぜそれを分けたのかという、そのシステムですね。その裏側のシステムはすごく大事です。どういう現象で占いましたと。この方位は悪いですよと。北の方角に行ってては行けない人というふうに診断はつくんですが、それはあんまりよくないんですね。北の方角に自分はホントに行ってはいけないんだと。その中身として占いの中にはいろんなことが入っているわけです。例えば先ほど言われたバイポーラですよと。バイポーラという診断名を自分はこの先一生使って行くということにほぼ意味はないんですが、バイポーラみたいに自分が思われてしまった経緯はすごく大事。そこは確率的にひょっとすると同じことが起こるのかもね。ひょっとすると自分と似たような体質をもったような人というのはこういうことも起こすんじゃないんだろうかねとか、そういうふうなところですからね。そう状態になるんじゃないかとか、ひょっとしたらそう状態だったの忘れていたのかなとか。いろんなものの一連のそこにゴチャゴチャしたものというのはすごく大事な感じですね。

東　誰にとって大事？

中島　その人にとって大事。精神医学の中では、バイポーラっていわゆるゴミ箱診断なんです。なんかちょっと困ったらバイポーラにしておけばなんとかなる。それは僕らにとってすごく便利な診断名だし、要するに今の精神科の薬の構造は、結局バイポーラか抗うつ剤かのどっちかしかない。なのでじゃあこっち飲みましょうねって。うつだからこっちというおおまかな分け方ができるという話ですからね。これは事細かに、こんなところに効きますよと、あれは製薬会社が全部装飾したものですからね。装飾品ですから。元が違うんです。さっきのうつですよという見方ってのは、うつというのを生みだした背景や考え方だとか、バイポーラですよというところを生みだした背景と全然違いますからね。考えが。

東　話をヘンな方へ誘導するようで悪いんやけど、ここにお医者さんがおられてもこういうお医者さんだから話がしやすいんだけれど（笑）、僕は、そもそもすべての病気は心の縛りの現れだって、そう思っているんですね。心がつくっていると思っている。ただし、一人の心が作っているのではなくて、過去から現在にかけて多くの人の信念が影響している。たとえば、統合失調症はウンヌン、バイポーラはウンヌン、社会通念というか、大きくいえば人類共通した意識、僕はよく知らないけどユングの集合的無意識みたいなもの？　言葉はなんでもいいんだけれど、病気ってそういうものの現象化だとずっと思っているの。例えばある問題で僕のところにクライエントさんが来る。さっきも言ったけど信念と信念の対決、つまり「会話」で多くの場合それを消失させようとする。しかしものすごく多くの人の縛り、ましてや社会通念の縛りの影響下で来られると自分一人では太刀打ちできないときあるわけよ。せいぜい家族ぐらいの範囲だったらいいのだけれども、より大きな信念の渦の中にある問題というのは実際一筋縄ではいかない。そこのところを判断せんといかんのよね。そこを見誤るとこちらはドンキホーテ。たとえば、統合失調症として社会的な常識にのっとって医療のレールに乗せることにどうしても抗えないこともあるという具合。でも本音を言えば、その病気と会話したいのですよ。その病気とやりとりしたいんですよ。その病気を現している縛りを取りたいのですよ。でも多分僕一人の力では勝ち目ないと思っている。こっちは医者じゃないから社会的に許容されないと思っている。だからね、僕にとって見立てというのは、実はそこが一番大事なんですよ。つまり、「はたして自分の信念の強さだけでこの病気・問題と対峙できるか、対峙できないか」。技術ではなくまずは信念で勝てるかどうかなんです。例えば統合失調症の人を前にして「難しいやろうな」、「僕は医者やないしな」「薬が必要やしな」、そのようないろんな迷いや不安がこっちに出てきたらその時点でアウト。社会通念・人類の普遍的信念にやられているわけ。そのような自分自身の頭で起きていることを見立ることが何より大事なんですよ。自分がいけるって思えるかどうか、行けるって思ったらなんでもいける。これは僕が見立てに関して最も意識しているところ。場合によっては病気の前に社会制度と会話しなきゃならん。

森　私は診断というものをそれなりに重視している。態度としては人間と見ている前に動物として見ているんですよね。

東　動物。

森　要するに生物。生き物がここにいて、そこへちょっと脳を発達させた生き物が人間。その人がある変調を起こしているといったときに、人間ですからそこには心ももちろん入ってくるわけやけれども、人間である以前に動物であるという捉えが非常に強いんですよね。だから動物としてのあり方、その脳の機能の状態というのがある。そこからきている変調はそこをちょこちょこっと処理してあげないといけない。心の問題ってなんだかんだ言って、それなりにエネルギーが必要で、ちょこちょこっと済ましていい問題ではない場合もあるじゃないですか。ちゃんとここと向き合えよって、やらなきゃいかん部分というのがあるじゃん。それと向き合う前提以前に、ちょっと具合悪いとこ起こっているのは修正しといたほうがいいよね。それは難しくないよ。それを難しいと思ったらかかわれないけれど。だからそこの部分をきちんと指摘してあげてちゃんと診断つけてあげて、ここの部分をよくしてあげてから大事な人生の問題をもう一回考えてみよ、みたいな感じで話をもっていく。そういう意味では診断の重要性はあるんですよ。

中島　これはエリクソニアンのコアの部分なんですね。

森　薬の話は薬の話でまた一つ大事な領域としてあるわけやけど。いわゆる診断や病気についてのクライエントさんへの説明、こういう状態ですよねとか、こういうことからこういう状態になってきたと一応推測もできるとか、あるいは今後経過としてはこういうふうになっていく可能性が一つあるわねとか、いろいろ説明するじゃないですか。そのときに私の場合は、けっこう医学的概念にもっていって説明する。東さんは別の所から同じようなことを説明するのかもしれないけれど、使っている用語が違うってだけの話。

東　なるほど。場合によっては抑圧のせいでこうなったとか、条件付けでこうなったとか、クライエントさんにとって有益な材料として使えたらなんでもいい。クライエントさんの縛りを取るのが僕のめざしているゴールやから、そこのゴールに行くためにはどこの道を通ってもいいと思っている。診断もそのような方便的な意味で利用するのは大賛成。そういうものを使いながら、解決や治癒の方向への流れを作ることが何よりも大事。

結局、心理教育？

森　ずっとブリーフやってきて、私もけっこう回数というやつにはこだわってやってきたわけですよね。最近はシングル・セッションが全ケースの半数を超えるぐらいまではきた。お互い納得した上で、ああ良かったねと、これ1回で十分やねと初回で終わる面接のとき、一番よく使う私のやり方って、ずっと延々いろんなこと心理療法の中でやってきたけれど、結局、心理教育やねん。

東　うん、わかる。

森　こういうことになっているんだよね。こうなってるんだよね。だからこうしたいわけね。こうやってみたら役に立つんちゃうの。これこれはこういう理屈でっていうふうに説明する？　クライエントさんに腑に落ちるように説明する？　いろんな方法があるし、他の方法でもできるけれど、これが1回で終わらせる一番いい方法。心理教育が一番オーソドックスで一番有効。これは誰でもできる。M1でもできる。例えば病気だったら病気ね、次のケースで典型のケースで習ったことそのまま、今授業で習ったんですけれど、やってみましたみたいなことできる。もしやったとして、まさにはまっていくケースやったとしたらM1でも十分1回で終われる。もちろん他でもM1でも終われるケースはいっぱいあるけれど。これが一番人々に教えやすいし。

東　そうね。一番教えやすいね。

森　ブリーフセラピーの有効で効率的な方法を一つ言ってくれってなったとき、いろいろ答えはあるだろうけど、一つの有力な答えは心理教育をちゃんとしてあげることやという言い方が、私は成立するんやないかと思っている。

東 成立すると思う。でもちょっと突っ込んでいい？　森さんの言う心理教育は、それによって安心を与えることなんでしょ？　究極はクライエントさんを安心させるためにやるわけでしょ？

森 うん。

東 安心してくれんとどうにもならないわけや。ようするにまた来談する。安心するまで来るのやから（笑）。森さんがやってることって、きっと早期に安心を与えることでしょう。

森 もちろん、もちろん。

東 そのツールとして心理教育を使っているわけでしょう。これ下手すると心理教育って、こんな病気ですねって、かえって不安にさせて帰らせるアホもおるかもしれんから（笑）、ちょっと気をつけておかんと。心理教育そのものがいいというわけではないと思うんよね。安心を与えるための目的で使っているかどうか、そこの意識を強調したい。

森 もちろん、心理教育の中身が大事。心理教育が大事やといったときに、どんな心理教育かというところが一番大事。

東 そこよ。そこを語ってほしい。

森 この考えになったの、ここ数年やけどね。乖離って、精神療法、心理療法の中核的テーマやんか。そこから出発したくらいの話やん。その乖離をなんとかするためにさまざまなことがディスカッションされて、今までいろんなメソッドが開発されてきた。それでも今だって、乖離の問題って上手に解決できてるセラピストがどれくらいいるんやって言うと、けっこう心もとない話やん。でもここ数年、乖離も私は心理教育でやる。起こってること、こういうことやねん。今何人いるの？　何人かいるんでしょう？　どれかが自分やと思ってんちゃうの。これが自分であって、これは自分ではないというふうに、自分のこと一人に決めようと思っているでしょう。もしかしたら自分のことわかる、自分とはこういうものだと何か一つのものやというふうに、自分で納得することが自分のことがわかる、自分を知る、もしかしたら思い込んでいないか？　ちゃうぞ！　自分にはいろんな自分がいるわけや。一つの気持があって、その真反対の気持をもっている自分も絶対いるやん。このアイスクリーム食べたいわ、太るやんみたいな。絶対両方自分や。アイスクリーム食べるのが自分で、食べないのが自分なのか。一つに決めようとしたら自分から一つ外に行かないといけないやん。これ自分やないやんねん。だけどこれもほんとは自分なんでしょう。だからゴチャゴチャしてへんなことが起こってくるよね。だって断アイスクリームやっているのに食べてる。過食してんねん。過食しているとき乖離してるやろ。なんで乖離する？　それは食べてる自分は自分やないと思ってるからや。だから乖離が起こってるでしょう。両方自分やんか。他にも自分いるよ。二つだけちゃうよ。アイスクリーム好き、嫌いだけやないよ。そういうこと全部知っている。要するに自分の中にどんな自分がいるの、まだ知らん自分も絶対いるから、次までに三つは探して来い。

東　（笑）心理教育といいながらやはりノーマライズが基本。心理教育だっちゅうことにして、中身を精査したらいろんなエッセンスがぎゅうぎゅう詰まっているし、実は森さんはそこを狙っている。

中島　いろんな要素ですね。確かに先ほど言われたように教育だと、安心感がないと教育ではないですよね。安心感が生まれないと。教育で脳みそは変わらない。先ほど先生が言われたここが心でどうにか変わるという。その現象は教育の結果では生まれないです。ただし、それはとっても危ないことで、脳みそが心で変わるときには病気になるか、性格が変わるかどちらかしかないです。だから選べない。どうしたってかなりのショックで狂った人とかいますけれど、やはり脳みそが変わったとしか思えないような行動をとる人もいます。そういう人の場合は悪い方に変わった。ある人は本当に人が変わったような人います。僕のクライエントでも、本当にひきこもりだった人が、一夜にして働き者になってしまって別の人になってしまった。脳みそが変わったとしか思えない。生物学的な傾向まで変わったので。

東　それは脳みそが変わったわけだけれど、変えたのは誰なんだろう。

中島　変えた本体は本人か神様でしょうね。僕らが神様と呼んでいるものは、オカルト的なものではなくて、中のそういうなんかですね。

東　例えば脳みそを本来操縦している「東豊」というのがいるけど、誰かが後から東豊をぽんっと押し出して脳みそを乗っ取ることができるかもしれん（笑）。まあ、憑依とかね。

中島　憑依は面白い人もいますが、ぜんぜんな人もいますね。

東　ぜんぜんというのは。

中島　てんかんの一種みたいな人です。とあるクライエントは必ず生理のときに憑依するんですよ。生理が終わるとひょいっとよくなるんですね。本人は憑依だと言うんですね。そういう人を調べると脳波がめちゃめちゃだったりする。なんかそういうふうな、昔のモハメッドの話ですけれど、モハメッドも憑依のてんかんだったわけだからね。だから多分、これは憑依だろうなと思うようなものもありますけれど。乖離かな、憑依かな。

東　憑依というのはけっこうあるように思うな。ちょっと危ない話かな。

中島　面白いですよね。僕は憑依はさかんに使いますからね。

森　典型的な憑依って最近はみないけれどね。

中島　文化でしょうね。

東　僕もときどき憑依のケースをエクソシストすることがある。詳しいことは言えないけど。

中島　いいですね。エクスソシストは周りから見てもわかりやすいですよね。劇場型の心理療法ですよね。すばらしいですね。皆集めますからね。エクソシストするときには。人を集めて衆人監視のもとやるとものすごく効きますよね。

東　僕のやったことはもっと簡単な方法でしたけどね（笑）。ただ、ここでもやっぱり指摘しておきたいのは、病院では西洋医学的な診断名をつけられて、薬を大量に投与されるばかりになっていたこと。薬が増えるばかり。だから西洋医学から離れてお祓いコースも一般向けに作っていいと思うんですけど（笑）。

中島　エクソシストですね。

東　先生のところでつくったらいいのに、エクソシスト科とかお祓い科とか。

中島　いいですね。

若い人へ

森　東先生、最後に何か私に質問してくださいよ。

東　若い者に何か言うとしたら、森先生は何を一番に語るやろか。

森　人間としてみたいな話になるのかな。

東　かもしれないね。それも含め、若い者に語りたいことって何？

森　何やろうね。ちょっと環境がかわいそうだよね。我々の頃ってある意味すごい幸せな環境やったと思います。今は何もできてなくてさ。

東　縛りがなかった。
森　どうやるのが正しいのか、というのが特に我々の領域はなかった。
東　なかった。やりたい放題だった。
森　やりたい放題だった。今はどの領域に関しても、やっぱりそれなりにできているよね。
東　できているし、管理がすごい。
森　その中で若い人たちが、クリエティブにさらに夢をもって大きく社会を動かしていくといったときに、何言うたって、ちょっとむごいというのか、なんか乏しいよね。この状況の中で若い人たちはどうしていけばいいんだろうね。最近、面白い若い子たち出てきている？　どうですか？
東　面白いというのはどういう意味？
森　将来どうなってくれるか。何やらかしてくれるかみたいな。興味みたいな、期待というか、もしかしたらえらいすっ転びするかもしれんけれど、そういう危険性も含めてさ。
東　あまり見ないね。
森　だから若い人たちが、なかなかかわいそうな時代に今生きてるなというふうに思う。今の社会って、基本的に若い人たちに対して教えすぎやと思うんです。全く教えんかったら何もわからへんし。どういうふうに教えるにしても、わかりやすく教えたらあかんちゅうことは少なくともあるよね。でもわかりにくく教えてほんとにわからんようになってもしょうがない。だから若い人にどうこう期待するというよりは、こっちが若い人にどう物事を伝えていくのかというのが、そこが多分試されているのやと思う。けっこう難題やと思う。

最近、生前追悼会でいろんな人に集まってもらって、ここで二十人くらいの先生方に集まって、いろいろ言っていただいた。その中ですごく嬉しかったのが、特に私から教わった人の、私とのエピソードで、なんか森先生の言葉が急にふっと入ってきて、いつまでも考えているんよねって。でもしばらく忘れて日常生活送るんだけれど、でも時々またふっと出てきて、あれって何や、どういうことや。森先生は何を言うたんやということを悶々とまた考えている自分を発見するみたいなことを言ってくれた。

東　面白い話。

森　そういうことを森先生はすごくよく言うって。昔はそういう教え方が多分できてたんよね。今はそうではなくて、多分わかりやすすく教え過ぎてるような気がする。そっちの方が即効性があるからね、どうしてもそっちに行きたくなるんやけどね。教育の仕方を今さらかもしれないけれど、もう一回ちゃんと考えてあげないと。

東　今の話に触発されたんやけれど、やっぱり技術とか教えると即効性もあるし、ちょこちょこっとロールプレイなんか教えたりするのもいいんやけどね、でも絶対僕よりも伸びないのよ（笑）。所詮、東の二番煎じ、森の二番煎じで終わる可能性が高いと思うの。それではつまらない。でも最近、あまり技術を教えないようにしている。それって、どこがどう伸びるかわからんわけやけど、こっちの方が教育としてはおもろいような気がする。教えていることは、さっきも話したようなことだけど、面接入る前にクライエントさんの守護霊に挨拶しておけとかね（笑）、自分は日本一のセラピストだって百回くらい言ってから面接いってこいとか（笑）、そんなことばかり言ってる。実際の面接で何やるかはお前の好きなことでいいと。その方が確かに面白いんよね。森さんの話で謎が解けたのは、一つの型を教えるのは即効性があって楽だけれど、結局面白味のない人間をつくるんだね。だってしょせん自分がすでにやってることやもの。自分の亜流。昔、家族療法でミニューチンの方法をまねるヤツは小ミニューチンだとか言われてさ、その伝でいくと小モリ、小ヒガシばっかりつくることになりかねんわね。そうじゃなくて、もっと大きな可能性を引き出すなら、大きな枠をが－んと与えるだけで、あとは自由にやれよと、これが大事やないかな～。今、それを教えてもらった気がする。よし、決めた。俺のやり方は正しい。森さんが太鼓判押してくれている（笑）。これでいこう。

中島　確かに。

東　若いやつはすぐに教えてくれっていうんよ。ロールプレイでクライエントとの上手なやりとり教えてくれとか、言ってくるんよ。でも知らん顔して、拝み方なら教えてあげるって言ってるの（笑）。でも、それでいいんや！　森さん、ありがとう！

東　豊（ひがし・ゆたか）　龍谷大学文学部臨床心理学科・同大学院文学研究科臨床心理学専攻 教授。医学博士、臨床心理士。九州大学医学部心療内科、鳥取大学医学部精神神経科等を経て現職。家族療法、ブリーフセラピー、システムズアプローチといった枠組みで対人援助を行いつつ、若い臨床家の育成に取り組んでいる。著書は『リフレーミングの秘訣』（日本評論社）など多数。

東（左）・森（右）　2015/1/30

あとがき――森さんとの出会いと思い出

吉川吉美（愛知学院大学）

故宮田敬一氏と岐阜県のひるがの高原と、新潟県の佐渡島でワークショップを定期的に開催していた。宮田氏は催眠を、私はサイコドラマを。日本では、家族療法が勢い良く広まっていた頃である。宮田氏がジェイ・ヘイリー氏とヘイリーの元奥さんクロエ・マダネスと親交があると知り、アメリカでの心理療法の世界について話していた。当時、アメリカではブリーフサイコセラピー研究が盛んになりつつあり、国際学会までできているることが解った。しかも、ファミリーセラピーやヒプノセラピーの諸心理治療を志す研究者たちも多く参画して、治療の効率性の追求をし、同時に、クライエント側の経済面の負担をかけないというものであった。私はとても関心を持った。すると宮田氏から提案があった。それはアメリカで知り合った人で、東京大学に森さんという人がいる、日本でもブリーフサイコセラピーの研究会を作って将来学会にしようと話している、一緒にやらないか、ということであった。その時、私は初めて森俊夫氏の名前を知ることになった。

そのすぐ後、宮田氏と森氏の計らいでブリーフサイコセラピーに関心を持つ人達に呼びかけ、東京大学の森さんのいる医学部教室を借りて集まりを持った。今日の日本ブリーフサイコセラピー学会の発足のファースメンバーたちである。話し合いの末、研究会が設立し、初代研究会会長が宮田氏で、森さんが事務局長に就任した。事務局は東京大学の森さんの研究室におくことになった。

そして、第一回大会をどこでやろうか、という話になった。「日本の真ん中でやるべきだ」――その発案は森さんからであったと記憶している。その意図は、このブリーフサイコセラピーの研究会が日本での心理臨床関係の諸学会の中で中心的な存在になればという思い、願いがこもっていたものであった。そのためにも日本列島の真ん中で開催したほうが良いのではないかというのである。私は当然にして集まりやすさ、交通の便利さ……等々の「開催しやすさ」の条件を考えると東京で行うのが無難であろうと考えた。しかし森さんは日本列島の中心にこだわる。文化的経済的中心は東京なんだから東京でいいじゃないかと思ったが、森さんは地理的な中心にこだわるのである。

じゃそれはどこか、ということになり、集まったメンバーがいろいろ考えた。「日本の中心の真ん中ってどこ⁇」しばらくして森さんが長野県が良いのではないかと言った。長野で学会をやるためには長野に関係がある人がいることが望ましい。だけど集まったメンバーの中には長野県人がいない。でも森さんは「やりましょう！　長野県で！」と強気で押すのである。私は「なんと無謀なこと！」と思った。そして結局、事務局長の森さんと私が担当になってしまった。長野県での開催地と、世話人を探す仕事である。しかし、私は森さんの強気の発言の奥に、「誰か知り合いがいるのであろう」と思っていたので、気楽にその役を引き受けたわけだが、その後、森さんと話し合ってみると、反対に「吉川先生どなたか知っている人はいないですか、私はおりませんので……」と言うのである。またまたビックリだった。「心理の関係ではあまりいません」と伝えると、森さんは「そうですか。なら、吉川先生、とにかく探しましょう」とかなり楽観的に言うのだった。

ブリーフサイコセラピー研究会設立趣意書を片手に、日本心理臨床学会の名簿や臨床心理士会の名簿から長野県の人をピックアップして一方的に電話をかけ、「ブリーフサイコセラピーの研究会の第一回大会を行いたいのですが、引き受けていただけないですか」という趣旨でいろんな人に電話をかけた。電話をかけながら、森さんってどんな人？と思った。今まで出会っていないタイプの人であることは間違いなかった。前向きの人、フロンティアスピリットの人、プラス思考タイプの人、外向的タイプの人……等々、彼をみる目ができてきた。その後、私が当時住んでいた愛知の自宅に立ち寄って、泊まっていただき、ウィスキーを飲みながら深夜までいろいろと話をした。時間が足りないほどである。彼の出身地の話から、今現在までの彼の人生、まさに彼のアイデンティティ形成のプロセスを聴いていた感じであった。私とはタイプが異なるが、楽観的で攻めの姿勢であることは共通であるなあと思った。

最初から難関だらけであったが、問題を乗り越え、第一回大会は無事成功に終わった。ブリーフサイコセラピーというものが余り世に知られていない状況で、勉強会もほとんど開催されたことのない地域で、第一回大会を開催しようということは、仲間作りを行い、関係性の構築をしなければならないということであった。しかも短期間での地域でのリサーチと関係性の構築を要求されていたが、森さんのスポンティアネスと行動力により無事実現できた。今思えば、これはまさにブリーフサイコセラピーの発想そのものであり、ブリーフサイコセラピーの学会の基盤作りに貢献したと思っている。

当時私は医療機関の心理職として働いており、臨床動作法を用いてさまざまなクライエントの治療にいかに工夫をこらし、いかに効率よく、いかに短時間で治療するかということに着目していた時期であった。数回の短いセッションでチックやヒステリー、脱毛、夜尿、等々の治療を行なっていた。このことを第一回大会開催準備中の、出会ってまだ間もない森さんに、ぶつけてみたことがある。それまで私の仲間の心理の人達に話してみたことがあったが、ほとんどの方に眉唾ものと評価され、相手にしてもらえなかった。なので人前で話すことに少し慎重になっていたのだが、彼はギラギラした目つきで（関心、興味を持った感じで）聞いてくれていた。その時、私はブリーフセラピーをやってみようと心の中で強く思ったものだ。

また当時関心を持っていたサイコドラマの創始者モレノの言うスポンティアニィについても話してみた。そうしたら森さんも演劇をやっていると聞き、人の生活の中で「役」についてもとても面白い話をした。「人生は劇のようだ！」と。

またある時、やはり第一回大会の件で東京大学の森さんの研究室を訪れ、打ち合わせをした後のことである。せっかくだからと私を居酒屋へ招待して頂いた。森さんの院生（弟子）たち（名前は言いませんが）と東大の赤門を出て本郷の町の小路の奥に入っていった。そこは彼らがよく集まる店があるということであった。どんな店かと思っていると、ここです、とドアを開けたら、薄暗いスナックでカラオケのあるお店であった。そして私は主賓（？）としてもてなされ、森さんと弟子たち（院生）6名ほどが囲み、酌をされ、酒を飲んだ。乾杯をしてしばらくすると、森さんが「おい、〇〇君、あれをやれ」というのである。そうするとその〇〇さんは、「ハイ！」と元気に立ち上がりステージに向かいマイクを取りスタンバイ。そして曲が流れてきた。私は「エッ!!」とビックリしてしまった。なんと流れてきた曲が「演歌」、それもコテコテのド演歌であった。そして次も「……でございます」調の演歌。古い話とは言え、平成の時代であり、演歌を聞くような世代でもない。私はそれまで相当の偏見を持っていたのだが、東大生といえば良家ご子息達やお嬢様達ばかりで演歌など知らず、クラシック等を聞き、フルートやピアノ等を奏でるというイメージを抱いていたが、それが根本から崩れた感じがした。森さんにこのことを尋ねてみた。彼は自慢げに「そうです。だからこそド演歌なんです」と言うのである。こういう指導をしていますということであった。

森さんの所属は医学部の精神衛生学の研究室であった。現場で相手にする人はご老人たちが多い、だから現場へ行ってもやっていけるように指導しているのだと。私はなるほど、本当にそうだと思った。それ以来今日まで森さんの指導法を若人の指導に取り入れている。

もうちょっと学術的な話をしたほうが、森さんの供養になるかもしれない。いつだったか忘れたが、私は一回のセッションで治ったケースを話したことがある。すると、森さんは一回のセッションで何があったのかを検討していくことの必要性を強調されていて、これも同意することだったので、詳しく話し合ったことがある。つまり、心理療法のエッセンスの追求ということであった。「癒す」ということを考える場合、心理臨床家の実践を検討するだけではなく、沖縄諸島にいるユタさんなどにも登場していただき、セラピーの共通性を検討できるような自由度のある研究ができるといいなぁとも話した。そしてこれがきっかけとなり、セラピーのエッセンスを探る足がかりができればと日本心理臨床学会での自主シンポジウムを10回ぐらい担当したのではないかと思う。企画内容は主にブリーフセラピーのエッセンスを目指したものであった。記録をまとめれば、かなり面白いものになると思う。

森さんと一緒に研修会をやったことも思い出にある。森さんよりある日オファーが来た。東京で臨床動作法のワークショップをやってほしいということであった。内容を聞くと、病院の患者の了解を取るので参加者の前でライブをやってほしいという。私はすぐOKした。実はこれがライブの初めての体験だったが、それ以後、今日まで私はほとんど同じスタイルでワークショップを行うことにしている。このことも森さんがきっかけを作ってくれたと思っている。また大学院生指導にもこのスタイルを導入している。私が大学の心理相談センターで担当することになったケース全てに院生の陪席（助手と位置つけずに）をしている。私の治療のやり方を見てもらうのだ。これも森さんから依頼されたライブがきっかけになっているのだろう。

あれこれ思い出すと次々にいろいろなことが思い出され、とりとめもなくなるが、ここで述べたのは、私が彼と出会った初期のことである。森俊夫という人間は、私のこれまでの人生に大きなインパクトを与えてくれた人物である。残念ながら亡くなってしまったが、どこかで「エヘヘ」とニヤ顔で見られている感じがする。今回、私がこの稿を書いたのは、この本にある対談の席に招かれていたのだが、時間の都合で彼と会えなかったからである。彼と対談しようと思っていたことは彼と出会った当時、我が家でウィスキーを飲みながら話し合っていた、その続きをしようと思っていた。どんな話になっただろう。残念であったが、またお会いできるのではと思うので、その時にまたと思っている。

森　俊夫（もり・としお）

東京大学大学院医学系研究科精神保健学分野助教。KIDS カウンセリング・システム スーパーバイザー。1981 年 東京大学医学部保健学科卒業。1988 年 東京大学大学院医学系研究科保健学専攻（精神衛生学）博士課程修了後、現職。博士（保健学）、臨床心理士。専門はコミュニティ・メンタルヘルス、ブリーフセラピー、発達障害への対応。2001 年日本ブリーフサイコセラピー学会賞受賞。2015 年逝去

黒沢幸子（くろさわ・さちこ）

目白大学人間学部心理カウンセリング学科／同大学院心理学研究科臨床心理学専攻特任教授。KIDS カウンセリング・システム チーフコンサルタント。1983 年 上智大学大学院文学研究科教育学専攻心理学コース博士前期課程修了。臨床心理士。専門はスクールカウンセリング、思春期青年期への心理臨床、保護者支援、解決志向ブリーフセラピー。2016 年日本ブリーフサイコセラピー学会賞受賞。

森俊夫《もりとしお》ブリーフセラピー文庫《ぶんこ》③

セラピストになるには

何も教えないことが教えていること

2018 年 1 月 20 日　初版発行

著　者　森《もり》　俊《とし》夫《お》・黒《くろ》沢《さわ》幸《さち》子《こ》

発行人　山内俊介

発行所　遠見書房

〒 181-0002　東京都三鷹市牟礼 6-24-12
三鷹ナショナルコート 004
（株）遠見書房
TEL 050-3735-8185　FAX 050-3488-3894
tomi@tomishobo.com　http://tomishobo.com
郵便振替　00120-4-585728

印刷　太平印刷社・製本　井上製本所

ISBN978-4-86616-018-4　C3011